Maria H. Schmiedperger

kreativ neue Rezepte entdecken

Rezepte finden, ausprobieren und wieder kochen

© 2025 Maria H. Schmiedperger

Verlag: BoD · Books on Demand GmbH, In de Tarpen 42,
22848 Norderstedt, bod@bod.de
Druck: Libri Plureos GmbH, Friedensallee 273,
22763 Hamburg
ISBN: 978-3-7693-1385-7

Vorwort und Anleitung

Dieses Buch basiert auf einem kleinen „Spiel", das ich mit meiner Familie und insbesondere mit meinen Kindern gern gespielt habe:

Es gab immer eine kleine Liste an Rezepten, die ich als Liste zusammengestellt hatte und jedes Kind durfte sich aus der Liste etwas aussuchen. Allerdings bekam es die Augen verbunden und tippte dann auf das Blatt Papier. So kamen oft die spannendsten Gerichte auf den Tisch. Schon damals hatte ich viele Kochbücher und suchte immer wieder neue Rezepte aus, die mit auf die Liste kamen.

So hatten die Kinder immer das Gefühl mit bestimmen zu können und genau das machte ihnen auch Spaß – nicht nur beim Essen, sondern sie halfen auch gern dabei wenn es ans Kochen ging.

Wir haben damals viel gelernt.

Das Spiel kannst du auch:

Nimm das Buch und schlage es blind auf, tippe dann blind auf ein Rezept und wenn dich der Name anspricht, dann koch es nach.

Ich habe bewusst die Rezeptanleitungen nicht genommen, da die meisten leicht online zu finden sind – und es auch verschiedene Zubereitungsmöglichkeiten gibt.

Allein von Rezepten wie beispielsweise Erbsensuppe oder Tzatziki gibt es verschiedenste Versionen.

Such dir online ein Rezept, das dich anspricht und koch das nach (oder guck in deinen eigenen Rezeptbüchern nach).

Mit diesem Buch kannst du spielerisch neue Rezepte in dein Leben bringen und vielleicht findest du Rezepte, die du dann auch in Zukunft gerne kochst.

Darum habe ich auch keinen Unterschied gemacht ob Vorspeise, Suppe oder beispielsweise Dessert – weil ich selbst auch schon des Öfteren den Kindern dann einen Kuchen serviert hatte, weil sie drauf getippt haben. Genieß diesen kleinen „Spaßfaktor" dabei.

Mir hat es immer Freude gemacht, die Kinder waren glücklich – probier das Spiel doch einfach aus und schau wie du dir damit tust.

Aufgelistet sind genau 4220 Rezepte – bunt gemischt von süß bis sauer, mit und ohne Fleisch, aus verschiedenen Ländern – also viele Möglichkeiten etwas zu finden das dir auch schmeckt und neu ist.

Mahlzeit und auf gutes Gelingen.

Deine
Maria H. Schmiedperger

Aal (Cheli nach Athener Art)

Aal in grüner Soße

Aal in Rotwein gedämpft

Aal in Salbei

Aalfilets in Erdäpfelkruste

Aalragout mitPaprika

Abgekrendelte Specknudel

Abgeschmalzte Käferbohnen

Abon-abon (Gebackene Fleischfasern)

Adana Kebabi (Scharfer Hackfleischbällchen Spieß)

Adobo in Kapern-Nussbutter mit Edamame

Aðventukringla - Adventskringel

Afrikanischer Senegal

Ajam bumbu rudjak (Huhn in Mischmasch-Sauce)

Ajam goreng (Gebackenes Huhn)

Ajam gurih (Aromatisches Huhn)

Ajam kerri Djawa (Chicken Curry nach javanischer Art)

Ajam panggang ketjap (Grilliertes Huhn mit Sojasauce)

Ajam peniki (Huhn à la Ternate)

Allgäuer Eintopf

Allgäuer Kletzenbrot

Alliance-Braten

Almbuttertorte

Almernocken

Almkoch (Salzburg)

Almnüsse

Almochse in der Kräuterkruste

Almochsenlungenbraten auf steirische Art

Almo-Ochsenfilets in Turmschinkenkruste

Altösterreichischer Leberkäse

Alt-Salzburger Brezensuppe

Altsteirischer Honiglebkuchen

Alt-Wiener Karpfenbeuschel-suppe

Alt-Wiener Paradeissauce

Alt-Wiener Rindsgollasch

Altwiener Suppentopf

Amaranth-Bratlinge

Amaranth-Müsli

Ambrosia-Creme mit frischen Waldbrombeeren

Amerikaner

Amerikanischer Apple Pie

Amerikanischer Reissalat

Ananas-Kiwi-Grütze

Andalusisches Fischfilet auf Tomaten und Paprika

Andechser Biereintopf

Andechser Gröstl

Andechser Schweinefleischsuppe

Andechser Schweinshaxnsalat

Ang sio hie (Gebackener Fisch mit Süß-Sauer-Sauce)

Angedünstete Nudeln

Anis spánar-kerfils lakkris salt - Anis-Kerbel-Lakritz-Salz

Anisgebäck (Vutimata glikanisu) aus Retsina

Annatorte

Antenoarsch

Apfel im Schlafrock

Äpfel im Schlafrock

Äpfel mit Honig aus Mazedonien

Äpfel mit Rohnen

Apfel und Blaubeeren mit Hafer-Streusel-Belag

Apfelbeignets

Apfel-Birnen-Brei

Apfelbrot

Apfeldatschi flambiert

Apfelflecken

Apfel-Himbeer-Creme

Apfel-Himbeer-Strudel

Apfel-Kaninchenterrine mit Schilchergelee

Apfel-Kartoffel-Suppe mit Speck

Apfelklöße

Apfelkren

Apfelkuchen, versunkener

Apfelmus auf Vorrat

Apfelmusbusserl

Apfel-Omelette-Soufflee mit Reisflocken

Apfelpancakes

Apfel-Pfannkuchen

Apfel-Reisauflauf mit Quark

Apfel-Rettich-Reissalat mit Bohnensprossen

Apfelrisotto

Apfelsauce

Apfelsauerkraut

Apfelschalentee

Apfel-Sellerie-Cremesuppe

Apfelsinensalat

Apfelstrudel

Apfeltascherln auf Vanille-Eierlikörsauce

Apfel-Tommerl

Apfel-Zimt-Muffins

Appetithappen zum Sektempfang

Aprikosen-Backpflaumen-Mus

Aprikosensalat

Arepas Tati

Arme Ritter

Arnsteiner Blattsalat

Artischocke mit Estragonmayonnaise

Artischocken mit Käsesoufflé

Artischocken mit Kräutersauce

artischocken mit rahmdressing und knoblauchbaguette

Artischocken mit Vinaigrette

Artischockenböden mit Rührei auf Butterreis

Artischockensalat

Artischockensalat (Angnares salata)

Artischokencreme

Artischokenkrem als Brotaufstrich

Asia-Gemüsepasta mit Tofu und Erdnüssen

Asia-Gemüsepfanne mit Tofu

Asiasuppe mit Gemüse und Glasnudeln

Asiatisches Huhn mit Chili-Dip

Asiatisches Wokgemüse

Asperlmus

Asure (Weizen-Früchte-Nachtisch)

Athener Cremesauce

Athener Fischauflauf

Athener Hammelragout

Athener Käseauflauf

Athener Reissalat mit Oliven

Athener Salat

Athener Thunfischsalat mit Oliven

Athener Walnußkuchen (Karithopita Athinaiki)

Atja Tjampur (Sauer eingemachtes Gemüse)

Atjar babi (Schweins-Ragout in saurer Sauce)

Atjar ikan (Fisch in saurer Sauce)

Atjar ketimun (Sauer eingemachte Gurken)

Auberginen mit Hackfleisch persischer Art

Auberginen mit Käse überbacken

Auberginen mit Kräuterbutter

Auberginen mit Reis, überbacken

Auberginen mit Reisfüllung

Auberginenlasagne mit Tomaten

Auberginen-Omelett mit Tofu

Auberginen-Paprika-Salat mit Rosinen

Auberginenpüree mit Gurkensalat

Auberginenschiffchen mit Omelettstreifen

Auberginen-Spaghetti

Auberginen-Türmchen mit Safranjoghurt

Auberginen-Zucchini-Auflauf

Auberingen in Sirup (Melitzanakia ylyko)

Auberingenpüree (Melitzanosalata)

Aufgespiesstes Met-Huhn

Auflauf mit Eierfrüchten

Aufstriche

Authentisches Wiener Backhendl

Avocado plus

avocado toast

Avocado-Boote mit Spiegelei

Avocadobrei

Avocado-Creme mit Himbeeren

Avocado-Dip

Avocado-Garnelen-Salat

Avocado-Gurken-Gazpacho

Avocado-Hähnchen-Salat mit Mango

Avocados, mit Blutorangen gefüllt

Avocadosalat

Avocado-Sprossen-Brot

Avocadosuppe mit Kerbel, kalt

Avocado-Tomaten-Salat

Ayurveda-Müsli spezial

Ayva Tatlisi (Quittennachtisch)

Babi ketjap (Geschmortes Schweinefleisch in Soja)

Babie oh (Schweinefleisch in Sojabohnenbrei)

Bachsaibling mit Barocker Forellenauflauf

Backerbsen (Brandteig)

Backhuhn mit Majoran (Kotopoulo riyanato)

Backpulver (selbst gemacht)

Bacon and Onion

Bagels mit Mais-Paprika-Mix

Baguette-Thunfischrolle mit eingelegtem Gemüse

Bahmi goreng (Chinesische Nudeln nach Kanton-Art)

Bahmi rebus - Bahmi basa - Bahmi kowa (ähnlich Bami goreng)

Baiser

Bakaðar perur með appelsinusósu - Gebackene Birnen mit Orangensauce

Baked Beans mit Würstchen

Balass'n

Balik Bugulama (Gedämpfter Fisch)

Balkan-Eintopf mit Reis

Bananabrauð - Bananenbrot

Bananaccino

Banana-sild - Moderner Heringssalat mit Banane

Bananenbrei

Bananen-Curry-Soße

Bananen-Dinkelflocken-Brei

Bananen-Erdnuss-Brot

Bananenjoghurt

Bananenkuchen

Bananenschaum-Müsli

Bandnudeln mit Frischkäsesauce und Kresse

Banh Mi mit Rindfleisch-Papaya-Salat und Sternanisöl

Bärenfamilie

Bärlauchcremesuppe mit Shrimps

Bärlauchsüppchen, leichtes

Barsch mit rotem Curry und Litschis

Basilikum-Dotternudlen mit Schaffrischkäse

Basler Leckerli

Baso-babi (Kügelchen aus gehacktem Schweinefleisch)

Batata Charp mit Granatapfelsalsa

Bauernente

Bauernomelette

Bauernsauce

Bauernschmaus

Bauernwürste

Baunastappa - Erbspüree

Bavesen mit Leberwurst als Suppeneinlage

Bavette "Donna di Strada"

Bavette Vongole

Bayerische Creme

Bayerische Semmelknödel

Bebotok daging (Gedämpftes Hackfleisch)

Bebotok ikan (in Aluminiumfolie gedämpfter Fisch)

Béchamelsauce

Beef "Pizzaiola"

Beef Stew

Beefsteaks mit Majoran (Vochinó filléto riyanáto)

Beerenjoghurt mit Nüssen

beeren-palatschinken

Beerenpizza

Beerenstarkes Müsli

Beerentabouleh mit Quark

Begendili Kebab (Lamm mit Auberginenpüree)

Beinlausir fuglar - "Knochenlose Vögel"

Beinscheiben in Rotwein

Beiried mit gebackenen Zwiebelringen

Beiriedschnitte mit Rotwein-Senfsauce

Beiriedschnitte mit Steinpilz-Spinatgröstl

Beiriedschnitten mit Kletzenbirnenschnaps

Benediktbeurer Schweinebraten

Bentobox mit Smoothie

Berberitzenmarmelade

Bergkäsesuppe

Berliner Beerengrütze

Berliner Eisbein mit Sauerkraut und Erbspüree

Berliner Kartoffelcremesuppe mit Lachs

Berliner Kräuterbuletten

Berliner Pfannenheringe mit Feldsalat

Berliner Pfannkuchen mit Marmeladenfüllung

Bertramstrudel

Beschwipste Marillen

Besengèk ajam, auch Ajam kuning (Huhn in Currysauce)

Bienenstich aus Erbsen

Bierbrotsuppe

Bier-Karpfen

Biersüppchen mit Bierweckerlnockerl

Biersuppe mit Schwarzbrot

Biersuppe mit Speckwurst

Bierteigzwiebeln

Bircher-Müsli

Birkhuhn gebraten

Birnen mit Mandelkaramel

Birnenkratzete

Birnen-Müsli

Birnen-Pfannkuchen

Birnenpfannkuchen mit Käse überbacken

Birnen-Semmelauflauf mit Marillenröster

Birnen-Tee-Gelee

Birnentorte "Helene"

Biskuitcreme

Biskuit-Nagelbrett

Biskuitroulade mit Blaufränkischmarmelade

Biskuitroulade zum Sofort-Vernaschen

Bistecca Fiorentina mit Orangen-Tomaten-Salat

Bjór brauð - Bierbrot

Bláberja rjómais - Blaubeer-Sahneeis

Bláberjabaka - Blaubeertorte

Bláberjachutney - Blaubeer-Chutney

Bláberjasalt - Mariniertes Blaubeer-Salz

Bláberjasalt II - aromatisiertes Blaubeersalz mit getrockneten Beeren und Wildkräutern

Bláberjasalt III - Blaubeersalz - dunkellila und aromatisch

Bláberjasúpa - Blaubeersuppe

Blaðlauks- og Fennelsúpa - Lauch- und Fenchel-Creme-Suppe

Blaðlauksgratin - Lauchgratin

Blätterteig mit Räucherlachs und Ziegenkäse

Blätterteigpasteten mit Ragout fin

Blätterteigtaschen mit pikanter Erbsenfüllung

Blattlstock

Blauer Heinrich

Blaukraut

Blaukrautroulade

Blaukrautsuppe

Blechkartoffeln

Blini

Blitz-Brokkoli-Cremesuppe

Blitz-Kaffeecreme

Blitz-Sorbet

Blumenkohl nach Athener Art

Blumenkohl-Brei mit Tafelspitz

Blumenkohl-Brokkoli-Brei

Blumenkohl-Brokkoli-Suppe

Blumenkohl-Curry-Suppe, cremige

Blumenkohldatschi

Blumenkohl-Kokos-Topf mit Kürbis und Tofu

Blumenkohl-Krem mit Einlage

Blumenkohlsalat mit Haselnüssen

Blumenkohlsalat mit Zitronensauce (Kunupithisalata)

Blumenohl-Hummus

Bluntauforelle mit gelber Paprikacreme

Blunzengröstl

Blunzen-Nudeln

Blunz'n mit Blaufränkisch

Blunz'nstrudel

Blunz'nsuppe

Blutgraupen

Blutkuchen

Blutorangengelee

Blutpalatschinken

Bluttommerl

Blutwurst

Blutwurstravioli mit Rotweinzwiebeln

Bodenseefelchen Müllerin

Bodenseefischsuppe

Boeuf Bourguignon mit Brezelknödeln

Böhmische Liwanzen

Böhmischer Lungenbraten

Bohnen mit Gemüse (Fassolia yahni)

Bohnen mit Tomaten und Knoblauch (Fassolia yiyandes plaki)

Bohnen mit Tomaten und Knoblauch (Fassolia yiyandes plaki)

Bohneneintopf mit buntem Gemüse

Bohnengulasch

Bohnen-Gurkensalat

Bohnensalat

Bohnensalat (Salata fassolakia)

Bohnensalat aus weißen Bohnen

Bohnensalat mit Pilzen

Bohnensterz

Bohnenstrudel

Bohnensuppe (Fasolada)

Bohnensuppe Biricz

Bohnensuppe kremig

Bohnensuppe mit Sauerrahm

Bohnen-Thunfisch-Salat

Bohnentorte

Börek

Borschtsch

Bouillon Maria Theresia

Bouillonkartoffeln

Braesupp'm

Brandenburger Mohn-Griess-Kuchen

Brandenburger Schweinerolle

Branzino im Ganzen gebraten mit Süßkartoffel-Chips

Brasse mit Cocktailtomaten

Braten aus dem Bürgermeisterstück mit geröstetem Brokkoli
und Rosmarin-Bröseln

Bratfisch in Mandelkruste

Bratfisch mit Sauce (Psari me saltsa)

Brathendl mit Heidenbrein

Brathuhn nach Jägerart

Bratknödel

Bratwürste

Bratwüstel mit Villacher-Bier

Bregenzerwälder Rehnüsschen an Balsamico-Honig-Jus

Brei (mit Gerstengrütze)

Breintommerl

Breinwürste

Brennesselauflauf

Brennessell-Schafskäse-Roulade

Brennesselmus

Brennesselrisotto

Brennesselsuppe

Brennsuppe mit Bries

Brennsuppe mit Graukas

Bretonische Fischsuppe

Brioche-Kipferl

Broccoli mit Eiern im Reisrand

Broccoli mit Sahne im Reisrand

Broccoli-Salat mit Orangen

Brokkoli aus dem Ofen mit Röstzwiebeln

Brokkoli mit Sesam-Petersilien-Pesto

Brokkoli-Couscous-Salat

Brokkoli-Fisch-Auflauf

Brokkoli-Käsetaler mit Hähnchen und Dip

Brokkolikuchen mit Lachs

Brokkoli-Lasagne

Brokkoli-Reis-Brei mit Schweinelende

Brokkolisalat mit Parmesan und Oliven

Brokkolisphagetti mit Salbei, zitronige

Brokkolisuppe mit Grünkernschrot

Brokkolisuppe mit Pnienkernen, feine

Brombeer-Cupcakes

Brombeer-Schichtmarmelade

Brombeer-Streuselkuchen

Bröselknödel

Bröselsouffle mit Knoblauchrahm

Brot mit Leinölquark

Brot mit Olivencreme

Brotauflauf

Brotauflauf mit Ziegenkäse und Pfirsichen

Brötchen mit rohem Pflaumenmus

Brötchen mit süßem Sesammus

Brotkrokant

Brotkuchen

Brotmahlzeit

Brotpuffer

Brotsticks mit Gemüse-Dips

Brotsulz mit Schinken und Essiggemüse

Brotsuppe

Brownie-Muffins mit Lakritzgeschmack

Brownies

Bruckfleisch

Brühe mit Pilzklößchen

Brúnaðar kartöflur - Karamellisierte Kartoffeln

Brunnenkressesuppe mit Lachsstreifen

Bruschetta mit Mozzarella

Bucatini ai Fagioli

Bucatini alla Flamande

Bucatini alla matriciana

Bucatini alla Matriciana

Bucatini auf Abruzzen-Art

Bucatini con i Funghi

Bucatini mit Leber-Pfeffer-Sauce

Bucatini mit Sardinen

Bucatini o Spaghetti alla Sorrentina

Buchweizengrütze

Büffelmozzarella mit reifen Mangoscheiben und feinen
Lauchzwiebeln

Büffel-Mozzarella mit Tomaten und Basilikum

Büffelmozzarellasalat mit Melanzani und Minze

Bulgur mit Paradeisern und Karotten

Bumbu Bali daging (Rindfleisch nach balinesischer Art)

Bumbu Bali Ikan (Fisch nach balinesischer Art)

Bumbu Bali telor (Eiergericht nach balinesischer Art)

Bumbu sambal katjang (Erdnuss-Sauce)

Bündner Pastinaken-Rohkost

Bundu bundu Makasar (Huhn mit Kokosflocken aus Celebes)

Bunte Muffins

Bunte Spieße in Zimtsauce

Bunte Tagliatelle mit Hummerragout und Kaviar

Bunte Zartweizensuppe mit Hähnchenbrustfilet

Bunter Fischeintopf

Bunter Gemüsekuchen

Bunter Gemüsetopf aus Chios

Bunter Kopfsalat (Maroulisalata)

Bunter Körnersalat

Bunter Krautsalat (Lahanosalata)

Bunter Oster-Möhrenpfanne

Bunter Reisring

Bunter Salat mit Tahindressing

Bunter Thunfischsalat

Buntes Eierbrot

Burek - Blätterteigschnecken

Burgenländische Grammelroulade

Burgenländische Krautsuppe

Burgenländische Rahmsuppe

Burgenländischer Grammel-Sterz

Burgenland-Schnitte

Butterbohnen

Butter-Bratkartoffeln

Buttermilchbrot mit Cranberrys und Nüssen

Buttermilchkoch (Rihrmiliköh)

Butternockerln

Butternut-Kürbis mit Pesto und Feta

Butterschnitzel

Butterwaffeln

Cacik (Joghurt-Gurken-Salat)

Calamares

Calissons d´Aix

Calzone "Pirata" aus Kampanien

Cannelloni ai Carciofi

Cannelloni nach Gärtnerinnen-Art

Cantuccini

Capellini mit Lauch und Wurst

Cappuccinocreme

Capuns

Carbonade Flamande-flämische Karbonade mit Senf-Röstbrot

Carpaccio "Emilio" mit Provolone

Carpaccio vom Mieminger

Carpaccio vom Reh

Carpaccio von Semmelknödeln

Carpe-Diem-Toast

Cashew-Möhren-Aufstrich

Cerkez Tavugu (Tscherkessenhuhn)

Cervelatwurst, feine

Cevapcici

Ceviche

Champagner-Bier

Champagnersüppchen mit Trüffelcroutons

champignoncreme mit rösti

Champignon-Geschnetzeltes

Champignon-Quinotto mit Parmesan

Champignon-Reissalat mit Bohnensprossen

Champignontarte

Chateaubriand mit Herzoginkartoffeln auf glasierten Rübchen

Cheddar-Sufflés mit Rucolasalat

Cheesecake im Glas

Chia-Leinsamen-Pudding mit Heidelbeerpüree

Chiapudding-Smoothie-Bowl mit Pinienkernen

Chicken Wings mit Pilzen

Chicorée & Feigen auf Rucola

Chicorée mit Schinken

Chicoréeröllchen mit Orangen

Chicoreeschiffchen

Chili mit Ofenkartoffeln

Chili-Schoko-Liebeszauber

Chinakohl

Chinakohl-Fenchel-Salat

Chinakohl-Frucht-Salat

Chinakohl-Reissuppe

China-Suppe

Chinesische Bratnudeln

Chinesische Rindfleischsuppe mit Eiernudeln

Chinesischer Nudeltopf mit Tofu und Brokkoli

Chinesischer Reis, pfannengerührt

Chorizo-Kohl-Salat

Ciceri e Tria

Cilbir (Spiegelei mit Joghurtsauce)

Clafoutis-Fruchtgratin

Coban Kavurmasi (Gebratenes Lamm nach Schäferart)

Coban Salatasi (Hirtensalat)

Cocktail von Hühnerfleisch

Cole Slaw

Cole-Slaw mit Tahin-Dressing, bunter

Conchiglie alla Burina

Consommé

Cornedbeef-Eintopf

Cornedbeef-Pfannkuchen

Cottage cheese with Fruits

Couscous mit Avocado und Currycreme

Couscous-Brei mit Mango

Cranberry-Cookies

Creme Brulee mit Safran

Creme mit Beeren, bayerische

Cremepolenta mit Brokkoli

Cremesuppe vom gerösteten Blumenkohl

Crepe mit Roquefort

Crepes mit Kichererbsen

Crepes mit süßer Dattelcreme

Crepes-Rolls mit Pastrami

Crespelle Alexander

Croque Madame mit Roastbeef, Sauce Mornay und
Erdbeersalat

Crostini mit Hühnerleberpaste

Crostini mit Kichererbsenpaste und Räuchertofu

Crostini mit Olivenpaste

Crostini mit Zuckerschoten-Lachstatar

Croutons

Curry mit Garnelen und Ananas

Curry von Truthahn und Süßkartoffel mit
Bockshornkleesamen

Curry-Hähnchen

Curry-Kartoffelsuppe

curryreis mit früchten

Curry-Sellerie-Spaghetti mit Kokos-Hähnchen-Spießen

Currytopf von roten Linsen mit Minze und Lauchzwiebeln

Dadar (Eieromeletts)

Dadar isi (Gefülltes Eieromelett)

Dampfnudel

Dampfnudeln mit grünen Bohnen

Dampfnudeln mit Vanillesauce

Das Beste vom Besten

Das leichte Apfelkompott

Datschkerl

Dattel-Feigen-Salat

Dattel-Mandel-Creme

Dattelschiffchen

Daube Provencale

Deftige Suppe

Demi Glace bzw. Fond (hausgemachte Rindfleisch-Sauce-Basis)

Dempffleisch

Dendeng belado (Gewürzte Rindsschnitzel)

Dendeng manis (Getrocknete, süße Fleischschnitzel)

Dendeng ragi (Rindsplätzchen mit Kokosflocken)

Deppe-Dotz

Desert kökur - Dessert-Kuchen

Dhal-Curry

Dhalsuppe von roten Linsen

Dicke Tomatensuppe nach Bauernart

Dicke Veggie-Kraftsuppe

Dill-Rahmfisolen

Dillsauce

Dinkel-Frischkornbrei

Dinkel-Hafer-Schmelzflocken-Brei mit Obstmus

Dinkel-Mandelplätzchen

Dinkel-Reis

Dinkelsalat

Dinkelsuppe

Dinkelwaffeln mit Apfelmus

Dirndl-Apfel-Marmelade

Dirndlmarmelade

Dirndlsauce

Djuvec-Reis

Dobostorte

Döðlubrauð - Dattelbrot

Domates Corbasi (Tomatensuppe)

Domates Soslu Köfte (Fleischbällchen mit Tomatensauce)

Dorade aus dem Ofen, marinierte

Doradenfilet mit Pancetta und Artischocken

Dorotheas Ayurveda-Frühstück

Dörrobstbrot

Dörrzwetschken

Dorschleber - die Dritte

Dorschleber - die Erste

Dorschleber - die vierte, westnorwegische Art

Dorschleber - die Zweite

Dosenfleischlaibchen

Dosenschmarrn

Dreierlei Mini-Eis

Drei-Kräuter-Suppe

Dressing für Obstsalat

Dukantenbuchteln mit Eferdinger Erdbeercreme

Dunkelparfait mit Pfefferminzwechselnzwet

Ebereschensirup

Eberswalder Spritzkuchen

Eferdinger Landl-Erdäpfelkäse mit Radi

Ei in Aspik

Eichelblutwurst

Eier "Saloniki"

Eier auf griechische Art

Eier im Glas

Eier in Senfsauce

Eier mit Bechamel und Krebsen

Eier mit Senfsauce

Eier mit Zucchini - Thunfisch-Füllung

Eier mit Zunge

Eieraufstrich

Eier-Avocado-Snack

Eierblumensuppe mit Reiseinlage

Eiercremesuppe, toskanische

Eierknödel

Eier-Kräuter-Dip

Eierkuchen im Frühling mit Brennnesseln

Eierkuchen/Pfannkuchen

Eiernockerln

Eier-Paprika aus Ouzo

Eier-Reissalat

Eiersandwich mit Eierschwammerl und Schalotten

Eierschwammerlknödel

Eierschwammerlragout

Eierschwammerlsalat

Eierschwammerlstrudel

Eierschwammerlsulz

Eierspeise mit Grammeln

Eiertosche

Eifeler Eintopf

Einfache Kürbiscremesuppe

Einfache Zitronensauce (Saltsa avgolemono)

Einfaches Rehragout

Einfalda eplakaka - isländischer Apple Crumble

Eingebrannte Erdäpfel

Eingebranntes Sauerkraut

Eingegossene Styria Beef Sulz

Eingelegte Eierschwammerl

Eingelegte Erbsen

Eingelegte Kiefernblüten

Eingelegte Mozzarellakugeln

Eingelegte Oliven

Eingelegte Paprika

Eingelegte Sardinen

Eingelegte Tomaten

Eingelegte Zucchini

Eingelegter Knoblauch

Eingelegter Kürbis

Eingelegter Roter Holunder

Eingelegtes Kalbfleisch

Eingemachtes Kalbfleisch

Einkorn-Chili mit Koriander und Crème fraiche

Einkorn-Risotto mit Huhn

Einkorn-Tomaten-Salat mit gebackenem Feta

Einmachhuhn

Eintopf (aus Vogelmiere)

Eintopf Makova

Eintopf mit Cabanossi, provenzialischer

Eintopf mit Hafeloab

Eintopf mit Pflaumen - Porkstew

Eintopf, bunter (mit Migetti)

Eintropfteig

Ei-Schinken-Brot

Eischneeschöberl

Eisenstädter Kohl

Eispalatschinken

Eistorte "Siciliana"

Eiweiß-Avocado-Omelett

Elisenlebkuchen

Emmentalercreme

Emmentalerkuchen

Empal (Gebackene Rindfleischschnitzel)

Empal pedis (Gewürzte Fleischschnitzel)

Endivien-Eintopf

Endiviensalat (als Eintopf)

Endiviensalat (als Spinat gekocht)

Endiviensalat (gedünstet)

Endiviensalat (in holländischer Tunke)

Energiebällchen

Ente "Marco Polo"

Entenbraten mit Krautfleckerln

Entenbraten mit Quitten

Entenbrust mit Rotweinzwiebeln

Entenbrustsalat mit Parmigiano Reggiano

Entenkeulen in Portwein

Entrecote & Rucola mit Parmesan Grana und Erdäpfel

Entrecote mit Beurre Café de Paris

Entrecote mit Sardellenfilets und Oliven

Erbsen-Bohnen-Zucchini-Brei

Erbsencreme mit Pancetta

Erbsencremesuppe

Erbseneintopf

Erbsengnocchi in Sardellenbutter

Erbsenmus mit Ziegentopfen

Erbsenschaum

Erbsenschmarren

Erbsensüppchen mit Kerbel

Erbsensuppe

Erbsensuppe

Erbsensuppe

Erbsensuppe mit Entenbrust

Erbsentorte

Erbsentorte

Erdäfpelmonde

Erdäpelpüree

Erdäpfel mit Kren

Erdäpfel mit Schwammerl

Erdäpfel-G´röstl

Erdäpfelgemüse mit Béchamelsoße

Erdäpfel-Grammel-Roulade

Erdäpfel-Grammelstrudel

Erdäpfelgulasch

Erdäpfelgulasch

Erdäpfelkas

Erdäpfelknödel

Erdäpfellaibchen

Erdäpfel-Lauchsuppe mit Räucherforelle

Erdäpfelpalatschinken

Erdäpfelpogatscherl

Erdäpfelpudding mit Ziegenkäse

Erdäpfelpuffer

Erdäpfelriebel

Erdäpfelschmarren

Erdäpfel-Speckkuchen

Erdäpfelstangerl

Erdäpfelsterz

Erdäpfelstrudel

Erdäpfelsuppe

Erdäpfel-Vogerlsalat

Erdbeereis am Stiel

Erdbeer-Eiweiß-Smoothie

Erdbeeren auf Kokosreis mit Röstflocken

Erdbeer-Luxusschnitte

Erdbeermarmelade mit Most

Erdbeerquark mit Hirse-Souffle

Erdbeertraum

Erdmandelfrühstück mit Beeren

Erdnuss-Bananen-Eis mit Frischkäse

Erdnussbutter-Creme mit Frischkäse

Erdnusscreme-Sauce

Erdnusssuppe, amerikanische

Erfrischender Salat mit Arame-Algen

Erfrischungs-Sandwich

Erster Hauptgang: Reis in Safran (Risotto alla zafferano)

Espresso Eis

Espressopudding, cremiger

Esterhazy-Rostbraten

Esterhazy-Torte

Etli Bamya (Okra mit Fleisch)

Etli Biber Dolma (Grüne Paprika mit Fleischfüllung)

Etli Türlü (Fleischeintopf)

Euter, gebackenes (mit Kräutern)

Exotische Früchte in Schokolade getaucht

exotische Früchte mit Tee

Exotischer Fruchtsalat

Ezme (scharfer Tomaten-Zwiebel-Salat)

Ezo Gelin Corbasi (Linsen-Bulgur-Suppe)

Fächerbraten

Falafel mit Karottensalat

Falafel mit Tomaten-Relish

Falsche Bratheringe

Falsche Grützwurst

Falsche Häschen mit Wachteleiern

Falsche Kastanientorte

Falsche Königsberger Klopse

Falsche Leberwurst

Falsche Mettwurst

Falsche Remouladensoße

Falsche Rouladen

Falsche Schlagsahne

Falsche Windbeutel

Falscher Braten

Falscher Gänsebraten

Falscher Hase

Falscher Kaviar

Falscher Reisauflauf

Falscher Rollmops

Falscher Schweinsbraten

Falsches Wiener Schnitzel mit Sauerrahmsoße

Familienpunsch

Får i kål - Hammel- und Kohltopf

Farfalle mit Hähnchenbrust

Farfalle mit Kräuterbutter

Farfalle mit Thunfisch

Farfalle mit zwei Sorten Erbsen

Farsumagru - sizilianischer Rollbraten

Fasan im Speckkraut

Fasanenbrüstchen im Speckmantel auf Linsen

Faschierter Hase

Faschingskrapfen, Bairische

Fastenknödel

Faustnudel

Fava (Saubohnenpüree)

Feigen in Wein

Feigenmilch zum Schlafengehen

Feigenmus mit Pinienkernen

Feigensalat mit Kirschlikör

Feine Consommé mit Sternchen

Feine Fischterrine

Feine Hühnerkraftbrühe aus Ligurien

Feine Tomatensauce

Feine Topfentorte mit Erdbeerkuppel

Feinschmecker-Lasagne

Feinschmeckerteller

Felchen nach Haushofmeister-Art

Feldsalat mit gebackenem Radicchio und Entenbrust

Feldsalat mit Krabben

Feldsalat mit Walnüssen

Fenchel mit Orangensauce

Fenchel mit Spaghetti

Fenchel überbacken mit Käsesauce

Fenchel-Apfel-Brei

Fenchel-Kartoffel-Hirse-Brei

Fenchel-Orangen-Salat mit gebratenen Kalamare

fenchelpizza

Fenchelsalat

fenchelsuppe

Fenchelsuppe "Fontina"

Fenchelsuppe mit Krabben

Festtagssuppe - Gröndsk Suaasat

Fettucine mit Räucherlachs

Feuriges Chili mit Kürbis und roten Paprika

Filet Mignon mit scharfen Bohnen

Filet mit Petersilienwurzelpüree, pochiertes

Filet Stroganow nach Art des Jahres 1947

Filet vom Waldschwein mit Rahmpolenta

Filet-Geschnetzeltes mit Pfefferrahmsauce

Filets mit Pilzkruste auf Obersmakkaroni

filetsteak mit grünem pfeffer

Filetsteak richtig gebraten

Filetsteaks mit Kernölsauce

Filetsteaks mit Kohlrabispaghetti

Filet-Steaks mit Pfefferrahmsauce und Erdäpfelkrapferl

Filoröllchen

Fingerfood: Gedämpfte Karotten

Finocchi Romana - römischer Fenchel

Fisch á la Yucatán

Fisch im Brickteig, zweierlei

Fisch in Aspik

Fisch mit Pak Choi, gedünsteter

Fisch überbacken

Fischauflauf mit Parmesan

Fischbratlinge

Fischbreisuppe

Fischbuletten auf Lauchgemüse

Fisch-Burritos

Fischcocktail

Fisch-Curry

Fisch-Curry mit Reisnudeln

Fischeintopfmit Tomaten und Kartoffeln

Fischfilet mit Kräuterkruste

Fischfrikassee mit Curry

Fisch-Garnelen-Auflauf

Fischgröstl in Brothaube

Fischgulasch aus Kreta

Fischkuchen

Fisch-Obst-Salat

Fischomelett mit Cheddar

Fischpäckchen mit frischen Kräutern

Fischpflanzerl

Fischrogensuppe

Fischroggensalat (Taramossasalata)

Fischsalat

Fischsalat mit Kartoffeln

Fischsalat mit Rucola

Fischsuppe

Fischsuppe (Psarosoupa)

Fischsuppe auf venezianische Art

Fischsuppe mit Bier

Fischsuppe mit Koriander

Fischsuppe mit Paprika und Fenchel

Fischsuppe mit Tofu

Fischsuppe mit Zitronensauce (Psarosoupa me avgloemono)

Fisch-Tacos Ensenada

Fischtopf aus Samos

Fischvariationen auf einem Gemüsebett

Fish & Chips

Fiske Bollur - isländische Fischbällchen

Fiskekaker - norwegische Fischfrikadellen

Fiskibollur - Fischbällchen

Fiskisúpa - Fischsuppe

Fiskréttur með karr`y og ananas - Curryfisch mit Ananas

Fjallabrauð - Moosbrot

Fladenbrot mit Belag

Flambierte Äpfel

Flambierte Crepess mit Äpfeln

Flambierte Kalbsröllchen

Flambierte Rotweinpfirsiche

Flambiertes Pfeffersteak

Flammkuchen

Flat Iron Steak mit geschmortem Gemüse und Pfeffersauce

Flatkökur - Roggenfladen

Fleisch alla Cacciatora

Fleisch auf Vorrat

Fleisch in Rosmarin-Zwiebel-Sauce

Fleisch mit grünen Oliven (Kreas me elies)

Fleisch mit Kastanien (Kreas me kastana)

Fleisch mit Quitten (Kreas me kythonia)

Fleischbällchen mit Spaghetti

Fleischknödel

Fleischlaberln

Fleischrauggn mit Zwiebelsalat

Fleischroulade

Fleischstrudel

Fleischtopf

Fleischtorte aus dem Münstertal

Fleischwurstpfanne

Fleiscküchlein mit Tomatensalat

Florentiner Fischauflauf

Floridasalat

Flugentenbrust a la Helma

Flugentenbrust auf Hetscherlsauce

Flusskrebes mit Lammkutteln

Flusskrebse in Weinsud

Flusskrebs-Gröstl

focaccia-crostini

Folienkartoffeln mit Dip

Foo yong hay (Chinesische Omelette)

Forelle a la Mozart

Forelle Blau

Forelle im Speckmantel

Forelle mit Gurkensalat

Forelle mit Kräuterdressing, gebackene

Forelle mit Kräutern

Forelle mit Krebsreis im Blätterteig

Forelle mit Pilzen gefüllt

Forelle nach Salzburger Art

Forelle, gefüllte

Forellensuppe, falsche

Forellentartar im Turmschinken

Franziskanische Brotsuppe

Französischer Reissalat

Frigga und Frigge

Frische Fruchtkugeln

Frischkorn-Müsli mit Beeren

Frischlingsrücken mit Lebkuchenkruste

Frisée-Rettich-Salat mit Ei und Kaviar

Fritatten

Frittata mit Kohlrabispaghetti und Schafskäse

Frittata von Bohnen

Frittata von Fisch

Frittata von Hühnerfleisch

Frittata von Pilzen

Frittatine mit Oliven

Frittierte Kartoffeln mit Rosmarin

Frittierte Sardinen mit Auberginenmus

Frosin ávaxtakaka - Gefrorener Obstkuchen

Frozen Yogurt mit Erdnussbutter

Fruchtbusserl

Früchtemüsli

Früchte-Smoothie

Fruchtige Biskottentorte

Fruchtige Eis-Melone

Fruchtige Haferkleckse

Fruchtige Quarkspeise

Fruchtige Tofu-Kokos-Creme

Fruchtiger Haferbrei

Fruchtiger Salatteller mit Chickennuggets

Fruchttörtchen mit Biskuitwürfeln

Frühjahrskräutersauce

Frühlingskräutersuppe

Frühlingskressesuppe

Fusilli con Polpettine

Fusilli mit Tintenfisch

Fylltur silungur - Gefüllte Forelle

Gado gado (Gekochtes Gemüse mit Erdnußsauce)

Gailtaler Almkäseflecken

Gailtaler Kirchtagsbraten

Gailtaler Kirchtagssuppe (Gelbe Suppe)

Gailtaler Specknudel

Galaxienkekse

Gamaldags jólais - Weihnachtseis

Gamsmedaillon mit Bröselnudeln

Gamsragout

Gans mit Apfelfüllung

Gänseblumensalat

Gänseblutknödel

Gänsefett, falsches

Gänsegrammeln

Gänsekeulen auf Linsengemüse

Gänseleber in Aspik

Gänseleber in Pilzrahmsauce

Gänseleber in Ruster Ausbruch

Gänseleber mit Schokoladensauce und Quitten

Ganskeule mit Ritscher(t)

Gansleinmachsuppe

Gansljunges mit Bohnen

Ganslreis zum Martinstag

Garnelen Fu Yung

Garnelen in Kokosnussmilch

Garnelen in Kräuterbutter

Garnelen mit Kokosreis

Garnelen mit Limetten

Garnelenbänder mit Koriander

Garnelencurry

Garnelencurry mit Blumenkohlreis

Garnelen-Laksa

Garnelen-Papaya-Salat

Garnelen-Spargel-Risotto

Garnelen-Tomaten-Creme

Garnelen-Zuckererbsen-Pfanne mit Cashewkernen

Gartenrestegemüse

Garten-Wildkräuter-Salat

Gartinierte Zwiebelsuppe mit viel Knoblauch

Gasteiner Brot

Gavurdagi Salatasi (Grillierter Gemüsesalat)

Gazpacho

Gebacken Pilze

Gebacken Sardellen, Sprotten oder andere kleine Fische
(Sardelles riganates sto fourno)

Gebackene Apfelspalten

Gebackene Artischocken (Anginares tiyanites)

Gebackene Bananen

Gebackene Erbsen

Gebackene Fischstücke oder Krabben auf Rucolasalat

Gebackene Hirnpalatschinken

Gebackene Holunderblüten mit Kirschsauce

Gebackene Kalbskoteletts

Gebackene Kartoffelknödel mit Joghurtsoße

Gebackene Kürbisblüten

Gebackene Leber

Gebackene Leberknödel

Gebackene Oliven

Gebackene Palatschinkenrolle

Gebackene Rehschnitzel

Gebackene Rotbarben mit Maronenfüllung

Gebackene rote und gelbe Paprika mit Sardellenpaste

Gebackene Sardinen mit Zitrone und Oregano

Gebackene Schinkenfleckerl

Gebackene Schweinsohren

Gebackene Speckknödel

Gebackene Zucchini mit Käse-Dip

Gebackene Zwiffl - gebackene Zwiebel

Gebackener Aal

Gebackener Emmentaler

Gebackener Fisch in Zwiebelsauce (Psari me saltsa kremithia)

Gebackener Fisch mit Oliven (Psari plaki me elies)

Gebackener Fleischstrudel

Gebackener Kalbskopf (oder -fuß)

Gebackener Karpfenmilcher

Gebackener Kaviar-Erdapfel

Gebackener Kugelpilz

Gebackener Lammrücke mit Tomaten-Zucchinistrudel

Gebackener Rosenkohl

Gebackener Schlierbacher

Gebackener Walnussspitz mit Nougat-Orangensauce

Gebackener Zander

Gebackenes Fischfilet mit Kartoffelsalat

Gebackenes Gemüse

Gebackenes Hirn oder Bries

Gebackenes Kalbshirn "Pariser Art"

Gebackenes Kaninchen

Gebackenes Kaviar-Ei mit Sauerahmsauce

Gebackenes Kitz

Gebackenes Kuheuter

Gebackenes Rindfleisch

Gebackenes Schopfschnitzel

gebakken geitenkaasjes met ciabattacroutons & winterse fruitsalade

gebakken tongfiletreepjes

Gebeizte Lachsforelle mit Räucherforellenmus

Gebeizter Lachs mit Zwiebelconfit

Gebeizter Wildlachs

Gebratene Bischofsmützen

Gebratene Ente mit Natursaft'l

Gebratene Ente mit Rotweinparadeisern

Gebratene Entenbrust in Mangochutney

Gebratene Gans

Gebratene Gänseleber

Gebratene Hähnchenkeule mit Zimt-Pfeffer-Senf-Kruste

Gebratene Hendlhaxn

Gebratene Hochrippe

Gebratene Lammschulter

Gebratene Maisplätzchen

Gebratene Nieren

Gebratene Nudeln mit Spinat und Tofu

Gebratene Reghühner

Gebratene Rehschulter

Gebratene Störkoteletts mit Knoblauchbutter

Gebratene Wachteln

Gebratene Wildenten

Gebratener Aal

Gebratener Barsch

Gebratener Gemüsesalat

Gebratener Hasenrücken

Gebratener junger Auerhahn

Gebratener Kabeljau mit Kapern und Kartoffelpüree

Gebratener Knoblauch

Gebratener Ochse

Gebratener Oktopus mit zweierlei Linsen

Gebratener Reis asiatisch

Gebratener Waller mit Zitrusspinat

Gebratener Zander auf Bohnen-Tomaten-Gemüse

Gebratener Zander mit Paprikabutter

Gebratener Ziegenkäse in Prosciutto

Gebratenes Asia-Gemüse

Gebratenes Karpfenfilet auf Reis und Zwiebeln

Gebratenes Milchlamm oder Ziegenkitz

Gedämpfte Gänseleber

Gedämpfter Kalbtafelspitz

Gedämpfter Kürbis (Kolokithakia yahni)

Gedämpftes Gemüse mit Petersiliensauce

Gedämpftes Lammfleisch (Arni kokkinisto)

Gedämpftes Schweinsrippchen

Gedünstete Äpfel

Gedünstete Hirschrouladen

Gedünstete Kalbsleber

Gedünstete Rindschnitzel

Gedünstete Schafschnitzel

Gedünsteter Kohl (Lahana yahni)

Gedünsteter Ochsenschwanz mit Senf und Kapern

Gedünsteter Schilcherbraten von der Beiried

Gedünstetes Fischfilet mit Paprikasauce

Geeiste Rindsuppe mit Gurken und Paradeiser

Gefilte Fisch

Geflügelfondue

Geflügelsuppe auf Königinart

Gefüllte Artischocken

Gefüllte Auberginen à la Imam Bayildi mit Knoblauch

Gefüllte Auberginen auf italienische Art

Gefüllte Auberginenröllchen

Gefüllte Baby-Pute

Gefüllte Backäpfel mit einem Sirup aus Rosenwasser

Gefüllte Blätterteighörnchen

Gefüllte Bratäpfel

Gefüllte Buttermilchkeule im Blätterteig

Gefüllte Champignons

Gefüllte Datteln in Weinteig

Gefüllte Eier auf Spinat

Gefüllte Eier und Tomaten

Gefüllte Eierschalen

Gefüllte Flädle

Gefüllte Hausrucker Knödel

Gefüllte Kalbsmilz

Gefüllte Kalbsnuss

Gefüllte Kartoffeln

Gefüllte Kohlröllchen mit Knoblauch

Gefüllte Muscheln (Mithia yemista)

Gefüllte Osterhasen

Gefüllte Paprika

Gefüllte Paprika mit mediterranem Risotto in Tomatensauce

Gefüllte Pfannkuchen mit Fisch und Wirsing

Gefüllte Quarkknödel

Gefüllte Saiblinge

Gefüllte Sardinen

Gefüllte Schnitzelkipferl

Gefüllte Spitzpaprika mit Thunfisch

Gefüllte Steckrübenschiffchen

Gefüllte Teltower Rübchen auf Tomatensosse

Gefüllte Tomaten mit Knoblauch (Domates yemistes)

Gefüllte Wachteln oder Tauben

Gefüllte Weinblätter (Dolmathes)

Gefüllte Weinblätter mit Reis (Dolmadakia jaladzi)

Gefüllte Zucchini mit Käse überbacken

Gefüllte Zucchiniblüten

Gefüllter Fasan im Speckhemd

Gefüllter Kalbsbauch

Gefüllter Kohl

Gefüllter Kohlrabi

Gefüllter Kürbis

Gefüllter Leberkäse

Gefüllter Osterschinken

Gefüllter Puter

Gefüllter Schweinsbauch

Gefüllter Truthahn (Gemisto Galopoulo)

Gefüllter Truthahn (Yemistes yallopoules)

Gefülltes Huhn "Wastl-Oma"

Gefülltes Krauthappl

Gefülltes Mistkratzerl

Gefülltes Schweinefilet aus der Toskana

Gefülltes Täubchen

Gegrillte Hähnchen (Petinari) mit Champignons und Mais)

Gegrillte Lammkeule auf Spießchen (Arni souvlakia)

Gegrillte Lber mit Knoblauch

Gegrillte Thunfischsteaks mit Wasabi-Kruste

Gegrillter Saibling

Gegrillter Stockfisch

Gegrillter Thunfisch mit Chili-Salsa

Gegrillter Tofu - schnelles Grundrezept

Gegrilltes Gemüse

Gegrilltes Muffelblatt

Gehacktes Kalbfleisch mit Nudeln (Maccaroni me kreas - (Yiouvetsi))

Gekochte Flusskrebse

Gekochte Gansleber

Gekochte Hammelzunge

Gekochte Selchripperln

Gekochte Selchzunge

Gekochter Reis

Gekochter Sauschädel

Gekochtes Beinfleisch mit Kohlrabigemüse

Gekochtes Fleisch mit Salsa Verde

Gekochtes Huhn mit Quittensauce

Gekochtes Joghurt oder Dickmilch

Gekochtes Wildschwein

Gekräutertes Brathuhn

Gelbe Rüben

Gelbe Sauce

Gelberübensuppe

Gelberüben-Torte

Gemüse, mariniertes

Gemüseaufstrich

Gemüse-Bolognese

Gemüseburger

Gemüsecremesuppe

Gemüseecken

Gemüse-Erdäpfel-Fisch-Brei

Gemüse-Erdäpfel-Fleisch-Brei

Gemüse-Erdäpfel-Pürree

Gemüsefond

Gemüse-Fritatta

Gemüse-Getreide-Fleisch-Brei

Gemüsegulasch

Gemüse-Hirse mit Fisch

Gemüse-Kartoffel-Haferflocken-Brei

Gemüse-Kartoffelsuppe

Gemüselaibchen

Gemüselasagne

Gemüse-Lasange

Gemüsepäckchen aus dem Ofen

Gemüsepizza

Gemüseplatte auf italienische Art

Gemüsepudding

Gemüsequiche mit Mettwürstchen

Gemüsereis, chinesisch

Gemüse-Reis-Salat

Gemüsesalat

Gemüsesalat für das Neujahrsbüfett - Salata apo Chortes

Gemüsesalat mit Würstchen

Gemüsesauce

Gemüsescheiterhaufen

Gemüsespaghetti mit Matchadressing

Gemüsespiesse - Veggieschaschlik

Gemüsesticks

Gemüsesticks & Dips

Gemüsesticks mit Käsedip

Gemüsesülze

Gemüsesuppe

Gemüsesuppe

Gemüsesuppe mit Buchstaben

Gemüsesuppe mit Gelberüben

Gemüsesuppe mit Graupen

Gemüsesuppe mit Räucherfisch

Gemüsetopf mit Gurken

Gemüsetopf mit Gurken und Nieren

Gemüsetopf mit Kürbis

Gemüsetopf mit Lachs

Gemüsetopf, würziger

Gemüsewähe

Gemüsewassersuppe

General Tso´s Beef mit geschmorten Auberginen

Genießer-Fischtopf "Susanne"

Gepökelte Entenbrust mit Rübenkraut

Gepökeltes "Johann-Backerl"

Gepresstes Sushi mit Thunfisch und Bohnen

Geräucherte Gänsekeule und gefüllter Gänsehals

Geräucherter Gamsschinken mit Granteneis

Geräucherter Schellfisch mit Tagliatelle

Gerollter Kalbsnierenbraten

Gerollter Kaninchenrücken

Geröstete Brotsuppe

Geröstete Eierschwammerlmit Ei

Geröstete Gänseleber

Geröstete Kalbsnieren

Geröstete Kutteln

Geröstete Lamminnereien

Geröstete Maistortilla mit Ajvar und gegrilltem Ziegenkäse

Geröstete Nussbrotscheiben mit Tomaten und Rucola

Geröstete Semmelknödel mit Ei

Geröstete Wallerleber

Geröstetes Kornbaguette mit Räuchermakrele

Geröstetes Schwarzbrot mit Wildkräutern

Gerschtbreinsuppn mit Pilzen

Gerstengrütze - Bryggrynsgrot

Gerstenrisotto mit gebratenem Maishendlbrüstchen

Gerstensuppe

Gerührte Polenta mit Pilzen und Kräutern

Geschmorte Beinscheiben

Geschmorte Feigen

Geschmorte Gänsekeule mit Bohnengemüse

Geschmorte Häxle vom Krumbacher Lamm

Geschmorte Kalbsnieren

Geschmorte Kitzschulter mit Knoblauch und Thymian

Geschmorte Lammkeule "Medira"

Geschmorte Rinderhüfte mit Haselnuss-Topinamburen

Geschmorte Rindshaxenscheiben in Schwammerlsauce

Geschmorte Schulter vom Wild

Geschmorter Aal

Geschmorter Fenchelsalat mit Tomaten und geräuchertem Schinken

Geschmorter Ochsenschwanz "Vaccinari"

Geschmorter Oktopus auf Kartoffelpüree

Geschmorter Zwiebelspitz

Geschmortes Rinde - Beefstew

Geschmortes Rindfleisch mit Knoblauch (Vothinó stifatho)

Geschmortes Schulterscherzel mit Gemüserollgerstl

Geschnetzeltes Haselhuhn

Geselchtes

Gesottene Froschschenkel

Gesottene Hausenfilets

Gesottene Krebserln

Gesottene Trüsche

Gesottener Topfenstrudel mit Röstbratelbohnen

Gesottenes Rindfleisch

Gespickte Kalbsnuss

Gespickte Landhendlbrust im Filoteig

Gespickte Schweinsleber (Sikoti)

Gespickte Tauben

Gespickter Kalbsschlegel aus dem Rohr

Gespickter Kornspitz mit Bratlschmalz

Gespickter Rinderbraten aus der Lombardei

Gespickter und gedämpfter Auerhahn

GespickterHecht

Gespicktes Hüferscherzel mit Kräuermantel

Gespicktes Rindsherz in Wein-Wurzelsauce

Gestampfte Ofenerdäpfel mit Saibling und geräuchertem Kaviar

Gestürzes Eis mit Käse und Schinken

Gestürzter Bananen-Reispudding

Gestürztes Sauerkraut

Gesulzte Krebse

Gesulztes Hirn

Gesurter Jungschweinsbraten

Getreide-Joghurt-Brei

Getreide-Milch-Brei

Getrüffelte Eier

Getrüffelter Wildschweinbraten

Gewickelte Krebsgermnudeln

Gewürznelken-Braten

G'füllte Butter

G'hackknödel

Giradi-Rostbraten

Glacierte Kalbsbrust

Glaciertes Fledermaussteak mit Madeirasauce und
Trüffelpolenta

Glasnudelsalat

Glasnudelsalat mit Rindfleischstreifen und Kimchi

Glühwein

Glunder Kas

Gnocchetti Sardi - sardische Gnocchi

Gnocchi di patate mit Rindfleisch

Gnocchi mit Fleisch gefüllt in Butter und Parmesan

Gnocchi mit Mozzarella gefüllt

Gnocchi mit Salbeibutter

Gobbetti mit Orangen-Gremolata

Goder vom Schwein mit Wasabi-Kaviar

Goldbrassenfilets in Nuss-Austernpilz-Sauce

Goloschwaner Kraut-Gulasch

Golser Riesling-Torte

Gorgonzolaspargel

Goritzer Gibanze

Götterspeise

Götterspeise - in Met gekochtes Gemüse

Grahamweckerlstrudel mit Hühnerbrust und Spargel

Grammel-Brohnenstrudel

Grammel-Eis

Grammelknödel

Grammel-Krautstrudel

Grammelpogatcherln

Gratin vom Muskatkürbis

Gratinierte Champignons

Gratinierte Schnitzel

Gratinierter Hopfen

Gratiniertes Beuschel

Gratiniertes Mark mit Trüffeln

Graukas sauer

Graukas-Jause

Graukas-Nocken

Graukas-Salat

Graukas-Suppe

Graupen (mit Endivien)

Graupenflammeri

Graupenpuffer

Graupenrisotto mit Gorgonzola

Graupenrisotto mit Pflaume

Graupenrisotto mit Tomaten

Graupensuppe

Grazer Äpfel

Gremolata-Steaks mit Zucchinigemüse

Griechische Bouillabaisse (Kakkavia)

Griechische Eier (Avga mati me melitzanes)

Griechische Fischpaprika

Griechische Fleischbällchen (Keftethes)

Griechische Kastaniensuppe

Griechische Liebesschleifen (Diples)

Griechische Pfeffersuppe

Griechische Sauce für grüne oder gemischte Salate

Griechische Sauerkrautsuppe

Griechische Weinsauce

Griechische Wurst (Kokoretsi)

Griechischer Bohnensalat

Griechischer Fischauflauf

Griechischer Fleischsalat aus Saloniki

Griechischer Gemüsecocktail

griechischer Krausalat mit Oliven

Griechischer Reissalat

Griechischer Sandwichtoast

Griechisches Ingwerbrot

Griechisches Lammfrikassee

Griechisches Mürbeteiggebäck (Kourabiethes)

Griechisches Mürbteiggebäck (Kourabiethes)

Griechisches Omelett mit Pistazien

Griechisches Osterbrot (Lambropsomo)

Griechisches Teegebäck (Thiples, Avgokalamara, Xerotiyana)

Grießbrei

Grieß-Brei mit Banane

Grieß-Brei mit Heidelbeeren

Grießbrei mit Melone

Grieß-Karotten-Suppe mit Ei

Grießknödel

Grießmäuse im Fruchtsee

Grießnockerl

Grießnockerln

Grießnudeln mit Speck

Grieß-Schmarren

Grieß-Souffle mit Weißwein Marillen

Grillað lambainnralæri - Gegrilltes Lamm

Grill-Avocados mit Tomaten-Orangen-Salsa

Grillierte Ente

grissini met olijven & venkelzaadjes en dip van cannellini & artisjok

Grjónagrautur - Milchreis

Groipenkoscht

Grönlandkrabben

Großwarasdorfer Fleckerln

Gröstl von Schweineleber mit Apfel und Ingwer

Grumpera mit Bergkäse

Grundrezept für Beef Tatar

Grundrezept für Carpaccio

Grundrezept für gedämpftes Rindfleisch

Grundrezept für gespickten Rindsbraten

Grundrezept für Gulasch

Grundrezept für Gulaschsuppe

Grundrezept für Hamburger

Grundrezept für Pizzateig

Grundrezept für Rindsragout

Grundrezept für Rindsrouladen

Grundrezept für Roastbeef

Grundrezept für Saftschnitzel gedünstet

Grundrezept für sautiertes Rindfleisch Boef Stroganoff

Grundrezept für Zwiebelrostbraten

Grüne Bohnen mit Tomaten (Fassolakia freska me domates)

Grüne Nudeln mit Gorgonzolasauce

Grüne Ostersalatplatte

Grüne Paradeiser

Grüne Quarksauce

Grüne Reisnudel-Pfanne

Grüne Rohkost

Grüne Sauce

Grüne Soße

Grüner Kartoffelsalat

Grüner Pfefferschoten (Piperies) auf Athener Art

Grünes Gemüsecurry

Grünes Nudel-Bohnen-Gericht

Grünkernbratlinge

Grünkernburger

Grünkohlauflauf

Grünkohlbratlinge

Grünkohlchips ungarisch

Grützbratlinge

Grützeintopf

Grützpfannkuchen

Grützrand

Grützwurst

Guacamole mit Limette und Korainder

Guckloch-Sandwiches mit Gurken-Hafer-Creme

Gulai labu (Meerrettich nach Minangkabauer Art)

Gulai merah (Schaffleisch in roter Sauce)

Gulai putih (Schaffleisch in weißer Sauce)

Gulasch mit Sauerkraut

Gulasch von Sojafleisch in roter Spitzpaprikasauce

Gulaschsuppe mit Sauerkraut

Gulròtarkaka - Isländischer Karottenkuchen

Gulrótarsúpa með fiski og krabbar - Karottensuppe mit Fisch und Krabben

Güne Radieschensuppe

Gurke mit Reisfüllung

Gurken-Birnen-Brei mit Putenbrust

Gurkencremesuppe mit Oderkrebsen

Gurkenkaltschale

Gurken-Minze-Rohkostsuppe

Gurkenpfanne mit Schinken

Gurkensalat

Gurkensalat mit Joghurt (Tzatziki)

Gurkensuppe

Gurktaler Speck-Kasnudel

Guten-Morgen-Grünkernbrei

Gutes Wurstgulasch

Haadana Paundisteaz

Hackbraten mit Rahmkartoffeln

Hackfleischsuppe

Hacksuppe

Hacktopf mit Pesto nero

Hadn-Schnitzel

Hadnsterz

Hadnstrauben

Hadntorte

Hafeloab

Haferbrei

Haferflockenaufstrich

Haferflocken-Brei mit Apfel

Haferflocken-Fläschchen mit Apfel- und Möhrensaft

Haferflockenmakronen

Haferflockenpfannkuchen

Haferflocken-Quarkauflauf

Hafergrütze mit Kirschen oder anderem Obst

Hafermilchreis mit Orangen, Datteln und Zimt

Hafer-Waffeln mit Apfelmus

Hafragrautur með Bláberjum - Hafergrütze mit Blaubeeren

Hafrakex - Haferkekse

Hagebuttenbonbons

Hagebuttenmarmelade

Hagebuttensoße

Hagebuttensuppe

Haggis

Hahn in Cidre

Hähnchen mit grünem Kartoffelsalat

Hähnchenbrust mit Gemüsesauce

Hähnchenbrust mit Limette

Hähnchenbrust mit Porree, Pilzen und Apfel

Hähnchenkeulen auf buntem Gemüse

Hähnchenschnitzel mit scharfem Gurkensalat

Hakkað buff með lauk - Lamm-Hacksteak mit Zwiebeln

Halbturner Hochzeitshuhn

Halva

Hammel mit Bohnen

Hammel mit Kohl

Hammelfleisch und grüne Bohnen, dazu Oliven

Hammerlnieren am Spieß

Handgerührte Mayonnaise

Handkäs mit Musik

Harzer Käse, falscher

Hase in Walnußsauce (Layos me saltsa karithia)

Hase in Weißweinsauce (Layos me saltsa)

Hase mit grünen Bohnen

Haselnusspesto

Haselnuss-Trüffel

Haselnuswaffeln

Hasenfilet unter der Haube

Hasenjunges

Hasenrückenfilet Winzer Art

Hauders Familienkuchen

Häuptel-Salat (grüner Salat)

Hausgemachte Salsiccia mit Tomatensauce und Penne

Haussalami

Hausstelze zur Weinlese

Haussulz

Havelländer Eintopf mit gelben Erbsen

Haydari (Joghurt-Käse-Vorspeise)

Hecht mit Krensauce

Hechtnocken

Hefe (selbst gemacht)

Heidelbeerbrot

Heidelbeer-Cheesecake ohne Boden

Heidelbeerschmarrn

Heiden-Mehlspeise

Heidennudel

Heidensterz

Heidensterz mit Verhackert und Sauerrahm

Heidenwickel

Heidesand

Heilbutt in Pistazienkruste

Heilbuttfilet auf Rotweingemüse

Heiligenkreuzer Schnitzel

heiße amaretto-powidl-tramezzini

Heiße Mandel-Schoko-Milch

Heiße Schokolade mit Schuss

Helgipönnukökur - Festtags-Pfannkuchen

Henderl mit Wein-Sauerkraut

Hendlbrüste im Zucchinikleid

Hendlbruströllchen mit Schafstopfenfülle

Hendlhaxen auf Rotweinzwiebeln

Hendlhaxerln im Strudelteig

Hering gebraten

Heringaufstrich

Hering-Salat

Herzhafte Almnudeln

Herzhafte Alternative - Rührei mit Räucherlachs oder Krabben

Herzhaftes Rehgulasch aus Tirol

Herznudeln

Himbeer-Feigen-Mus

Himbeergelee mit Pelargonien

Himbeergratin

Himbeer-Quark

Himbeer-Seidentofu-Smoothie-Bowl

Himbeersuppe mit Vanille-Grießnockerln

Himbeer-Vanille-Smoothie-Bowl

Himneskar smákökur - Himmlische Kekse

Hinrschöberl

Hirn mit Ei

Hirn mit Nierndl

Hirn, falsches

Hirnpofesen

Hirnsalat (Miala salata)

Hirnschnitzerl

Hirnsuppe

Hirsch mit Pilzen

Hirschbeuschel

Hirschbraten mit Kirschsauce und Maronen

Hirschbreinsuppn mit Knoblauchschmalz

Hirschfilet mit Hagebuttensauce

Hirschfilet mit Safranapfel

Hirschleberröllchen

Hirschragout in Senf-Weißweinsauce

Hirschrückensteaks mit Pinot Noir und Weichseln

Hirschschnitzel mit Kürbiskernpanier

Hirschsteaks

Hirsebrei

Hirsebrei - warmes Frühstück

Hirseflocken-Brei mit Aprikosen-Melonen-Mus

Hirseflocken-Brei mit Honigmelone

Hirsekoch

Hirse-Müsli mit Orangen

Hirseröllchen

Hirsesalat mit frischem Gemüse

Hirsesalat mit Rucola und Sellerie

Hirse-Zucchini-Souffle

Hirvikäristys - finnischer Elchbraten

Hneta kaka með bláberjum - Nusskuchen mit Blaubeeren

Hnetusmjörskökur - Erdnussbutter-Plätzchen

Hochrippen-Steaks mit Gorgonzolasauce

Hochzeitsbäckereien

Hochzeitskranzl

Hochzeitsnigelen

Holländer Kuchen

Hollerkoch mit Rotwein

Hollermandl

Hollersekt

Hollersirup - Holunderblütensirup

Holunderbeerencreme

Holunderbeergelee

Holundersuppe

Holundersuppe

Holundersuppe mit Griessklössche

Holzermuas

Holzknechtnockerln

Honig, falscher

Honigfrüchte mit Walnüssen und Zimt

Honiggebeizter Lachs

Honig-Gewürz-Schnitten

Honigkuchengebäck

Honiglebkuchen

Honigpfirsiche

Honigplätzchen

Honigsauce

Hopfenspargelgemüse

Hopfenspargelsalat

Hopfensprossensalat

Huchen in Obers

Huhn in Erdnusssauce

Huhn in Krensauce

Huhn in Weißwein

Huhn mit Buchweizen in Tontopf

Huhn mit Mole (Schokosauce)

Huhn mit Nudeln (Kotopoulo hiloites)

Hühnchen in der Pfanne

Hühnchen süßsauer

Hühnchen-Quesadilla-Ecken

Hühnchensalat to go, asiatischer

Hühnerkeulen auf Pilzen und Kohl

Hühnerkraftbrühe auf Vorrat

Hühnerleber in Madeira mit Knoblauch (Sikotakia tis kottas me saltsa)

Hühnerleberschaum im Wachauer mit Marillenchutney

Hühnerröllchen mit Kräutern

Hühnerschnitzel

Hühnerstreich-Stulle

Hühnersuppe

Hühnersuppe mit Avocado und Chili

Hühnersuppe mit viel Gemüse

Huhn-Pistazien-Bällchen

Humus (Kichererbsenpaste)

Husarengulasch

Husarensalat

Ikan goreng (Gebackener Fisch)

Ikan taotjo (Gebackener Fisch mit Sojabohnenbrei)

Ikan tjuka (In Essig gekochter Fisch)

Ilgaz Kebabi (Gegrilltes Fleisch nach Ilgaz-Art)

Im Ganzen gebratene Rinderlende

Im Ganzen gebratener Huchen

Im Ganzen gebratener Stör mit Champagner-Sauce

Im Ofen gebratener Waller

Im Ofen geräucherte Forellen oder in Butter gebratene Filets
von Bodenseefelchen mit Gemüse

In Champagner gekochter Hausen

In Rahmsauce gedünsteter Lungenbraten

In Rotwein geschmorter Tafelspitz

In Rotwein geschmortes weißes Scherzel mit Erdäpfelpüree
und Gemüsegarnitur

Indische Okra

Indisches Kartoffelcurry

Ingwer-Kraft-Lebkuchen

Ingwerlamm in Rosmarin-Rotwein-Sud

Ingwer-Sorbet

Ingwertaler

Innviertler Speckknödel

Irish Stew mit Weißkohl

Irmelas Power-Frühstück

Iskembe Corbasi (Kuttelsuppe)

Ispanak Kökü Salatasi (Spinatwurzelsalat)

Ispanakli Yumurta (Eierspinat)

Italienische Fischsuppe

Italienische Ingwercreme

Italienische Minestrone

Italienische Muscheln "Mariachiara"

Italienischer Gemüsesalat

Italienischer Obstsalat

Italienisches Sandwich

Italofrühstück -Schinken und Wurstwaren

Italo-Sandwich

Jakobsmuscheln im Nudelnest

Jakobsmuscheln in Safransauce

Jakobsmuscheln in schwarzer Bohnensauce

Jakobsmuscheln mit Möhren-Zucchini-Flan

Jamaikanisches Bananbread

Jambalaya

Japanischer Tofusalat mit Sesamdressing

Jausenkekse

Joghurt (Yaourti) mit Fleisch und Knoblauch

Joghurt mit Feigen und Sesam

Joghurt mit Röstflocken und Aprikosenmus

Joghurtcreme, orientalische

Joghurt-Gemüse-Frischkäse mit Kräutern

Joghurt-Hummus

Joghurt-Ingwer-Sauce

Joghurt-Kuchen (Yaourtopita)

Joghurt-Minzsauce

Joghurt-Panna-Cotta mit Sanddorn

Joghurtparfait mit Feigen

Joghurt-Polenta mit Beerenmark

Johannisbeer-Buchweizen-Grütze

Johannisbeerenwein

Jöklatindar - Gletschergipfel

Jóladádýr með súkkulaðisósu - Rentier mit Scholkoladensauce

Jólakaka - Weihnachtskuchen

Jólasmábrauð - Weihnachtsstollen

Junge Ente mit Salbei- und Zwiebelfüllung

Junggansigelee in Szigeti-Sektsauce

Jungschweinsbraten im Bierstft'l

Kabak Böregi (Zucchini Käse Börek)

Kabak Dolmasi (Zucchini mit Fleischfüllung)

Kabak Tatlisi (Kürbisnachtisch)

Kabeljau auf einem Spinatbett

Kabeljau gedämpft im Lauchbett

Kabeljau im Päckchen mit Kohlrabispaghetti

Kabeljau in saurer Sahne

Kabeljau in Senfsauce mit Kohlrabigemüse

Kabeljau italienische Art

Kabeljau Mediterran

Kabeljau mit würzigen Nudeln

Kabeljau-Japern-Kroketten

Kabeljau-Süßkartoffel-Suppe

Kabeljau-Topf, katalanischer

Kaburga (Grillierte Rippen)

Kadinbudu Köfte (Frauenschenkel-Fleischbällchen)

Käferbohnen mit Buttermilchvinaigrette

Käferbohnen mit schwarzem Rettich

Käferbohnenmousse mit Kernöl

Kaffee

Kaffeekrem

Kaffikaka - Kaffeekuchen

Kaiseromelette

Kaiserschmarrn

Kaiserschmarrn mit Aprikosenröster

Kaiserschnitzel

Kaiserschöberl

Kaisersuppe

Kalabrische Makkaroni nach Schäfer-Art

Kalamar Dolma (Gefüllter Tintenfisch)

Kalbfleisch auf Athener Art

Kalbkoteletts mit Rucola-Walnuss-Salat

Kalbsbackerln mit Kernöl und Semmelkren

Kalbsbrust mit fruchtiger Füllung

Kalbsfricandeau auf Erzbischof-Art

Kalbsgeschnetzeltes

Kalbsherz, gefüllt

Kalbsinnereien im Kohlblatt

Kalbskopf Alt-Wiener Art

Kalbskopf mit Saubohnen

Kalbskopfsuppe

Kalbskoteletts mit Ei

Kalbsleber in pikanter Sauce

Kalbsleber-Pastete

Kalbslungenbraten in Safran

Kalbslungenbraten mit Marillen

Kalbsmedaillons mit Kürbiskernkruste

Kalbsnuss in Zwiebelrahmsauce

Kalbsragout (Moscarl ragout)

Kalbsrahmgulasch mit Zitronennockerl

Kalbsröllchen an Gemüse-Jus

Kalbsrücken im Ganzen gebraten

Kalbsschnitzel "Provolone"

Kalbsschnitzel auf mailändische Art

kalbsschnitzel italienisch

Kalbssteak in der Pfanne

Kalbssteaks mit "Schleppe Märzen"

Kalbsstelze mit Kräuterkruste

Kalbsvögerln

Kalbswangen-Pörkölt

Kalbzunge mit Sardellensauce

Kalkan Tava (Gebackener Steinbutt)

Kalkeier

Kálsúpa - Kohlsuppe

Kalt gerührter Fruchtaufstrich

Kalte Gurkensuppe

Kalte Joghurtsuppe

Kalte Spaghetti mit Tomatenwürfeln

Kanilsnúðar - Zimtschnecken

Kaninchen in Apfelmost

Kaninchen in Blaufränkisch mit Erdäpfelfrigga

Kaninchen in der Pfanne

Kaninchen mit Oliven und Pilzen (Coniglio con olive e funghi)

Kaninchen n Senf-Rieslingsauce

Kaninchenbraten mit Majoransauce (Kounell riyanato)

Kanincheninnereien auf alt-steirische Art

Kapaun (oder Indian) mit Trüffelfülle

Kapruner Moarblattln

Karfiolcurry mit Reis

Karibische Krebstaler

Karibischer Fischtopf

Karides (Garnelen)

Karnische Aromen

Karnische Krapfen

Karnischer Firco

Karnisches Hirschragout

Karnisches Kaninchen

Karniyarik (Auberginen mit Hackfleischfüllung)

Kärnter Faschingsfleisch

Kärnter Reindling

Kärntner Hauswürste

Kärntner Polentanudeln mit Radicchio

Kärntner Reindling

Kärntner Steinpilznudel

Karottenbrei

Karotten-Ingwer-Suppe

Karotten-Koriander-Suppe

Karotten-Polenta-Taler

Karottensalat mit Pinienkernen

Karottentorte

Karpfen Altenburger-Art

Karpfen aus dem Wurzelsud

Karpfen blau mit zerlassener Butter und Salzkartoffeln

Karpfen in Paprikarahm

Karpfen mit Sardellenbutter

Karpfen Serbische Art

Karpfen Stralauer Art

Karpfenfilets im Bierteig

Karpfensüppchen

Karpfensuppe mit Semmelschöberl

Karrífiskur með hrísgrjónum - Curryfisch-Auflauf mit Reis

Kartäuser Eierkuchen

Kärtner Lungenwurst

Kärtner Polentanudeln it Radicchio

Kartoffelauflauf

Kartoffelauflauf (Patatespurée me kreas

Kartoffelauflauf mit Hering

Kartoffelaufstrich

Kartoffelbaches

Kartoffelbrei mit Schweinefleisch

Kartoffel-Brokkoli-Salat mit Lachs

Kartoffelbrot

Kartoffelcreme mit Mandeln

Kartoffelcremesuppe mit Sardinenfilets

Kartoffelgemüse

Kartoffelgnocchi mit Hendlragout und Kräutern

Kartoffelgnocchi mit Pesto und Pecorino

Kartoffelgratin mit Bockshornkleesauce

Kartoffelgratin mit Kräutern und Räucherlachs

Kartoffelgulasch mit Kichererbsen

Kartoffel-Ingwer-Püree mit Kürbis

kartoffel-karotten-suppe

Kartoffel-Käseschmarrn

Kartoffelklöße

Kartoffelknödel

Kartoffelkroketten

Kartoffelküchlein

Kartoffelmilchbrötchen

Kartoffeln aus dem Schnellkochtopf

Kartoffeln, saure

Kartoffelnapfkuchen

Kartoffelomelett (Omeletta me patates)

Kartoffel-Pilz-Pfanne

Kartoffelpudding

Kartoffelpuffer

Kartoffelpuffer auf Salat

Kartoffelpüree

Kartoffel-Quarkauflauf

Kartoffelravioli

Kartoffelsalat

Kartoffelsalat (für eine hungrige VHS-Klasse)

Kartoffelsalat mit Erbsen und Möhren

Kartoffelsalat mit Schillerlocken

Kartoffelsalat mit Wildkräutern

Kartoffelsauce

Kartoffelschalenpüfferchen

Kartoffel-Steckrüben-Brei

Kartoffelsuppe mit Garnelen

Kartoffelsuppe mit Knoblauchwurst

Kartoffelsuppe mit Roggenbrot-Croutons

Kartoffelsuppe überbacken

Kartoffeltörtchen mit Lauchringen

Kartoffelwaffeln

Kartoffel-Zucchini-Kuchen mit Haselnüssen

Kartöflumùs - Isländischer Kartoffelbrei

Kaschauer Bauernschmaus

Käse mit KRäutern

Käse-Apfelmus-Streuselkuchen

Käsecoutons

Käseflädle-Suppe

Käseknödel

Käseknödel aus Piräus

Käseknödelsuppe

Käsekrapferln

Käse-Kresse-Eierkuchen mit Parmesan

Käsekuchen

Käsekuchen mit Preiselbeeren

Käsekugeln mit gefüllten Oliven

Käse-Nuss-Brot

Käsepflutter

Käse-Reisauflauf

Käse-Reisauflauf mit Tomaten

Käse-Roggenpralinen mit pikanter Sauce

Kaseromeletten

Käse-Röstschnittensuppe

Käsesauce

käsespätzle mit kräutern

Käsestängelchen

Käsestangen

Käse-Tomaten-Reis

Käse-Trauben-Salat

Käsewaffeln mit Apfelquark

Kasfarfei

Käsknöpfle (Kasnocken)

Kaskrapfen

Kasnudeln

Kasquargel

Kasseler in Rotwein-Gemüse-Sosse

Kässpatzen

Kastanienbrot mit Mandeln

Kastanienpüree (Kastana purée)

Kastanienpüree mit Apfelschaum

Kastanienpürree mit Muskat

Kastanienreis

Kastaniensuppe

Kathis Schokoladekugeln

Katschtaler Köh

Katzeng'schrai

Kavalierspitz in Blauburgundersauce

Kaymakli Kayisi Tatlisi (Sahneaprikosen)

Kefilsúpa - Kerbelsuppe

Kekse für die Reise

Kephallinische Fleischpastete (Kreatopita)

Kernölaufstrich

Kernöl-Mayonnaise

Kerri Palembang (Currygericht nach Palembaner Art)

Keskül (Mandel-Milch-Nachtisch)

Kichererbsengemüse mit Huhn

Kichererbsensalat

Kidneybohnen-Avocado-Salat

Kidneybohnen-Quiche mit Chilikäse

Kietzen-Knödel

Kilic Sis (Schwertfisch am Spieß)

Kipferlkoch

Kipferlschmarren

kippenleverparfait

Kirsch-Clafoutis

Kirschenschmarren

Kirschenstrudel

Kirschkompott mit Rotwein und Sternanis

Kirschreis

Kirsch-Reisauflauf (Dessert)

Kit liat twa hee (Süß-sauer-Sauce)

Kitzbraten (Katsikaki psito)

Kitzleinbraten

Kitzleinkeulen im Biersaftl

Kiymali Pirasa (Lauch mit Hackfleisch)

Kjötsúpa - Heiße Fleischsuppe

Klach(e)fleisch

Klach(e)lsuppe

Klare Zandersuppe

Klassisches Spanferkel

Kleine Garnelen in rosa Sauce (Gamberetti in salsa rosa)

Kleine Schuhe (Gefüllte Auberginen, Papoutsakia)

Kleine Überraschungspizza

Kleingebäck, feines

Kleinur - Schmalzkringel

Kletzennudel

Kletznbrot

Klopse von Blutwurst

Klostergeheimnis-Creme

Kloster-Omelett

Klosterzöpfchen

Knäckebrot

Knackiges Marktgemüse mit Wasabi-Erdnüssen in Chili-Honig-Wodka flambiert

Knieling

Knoblauchkartoffeln mit Paprika

knoblauchkroketten

Knoblauchmayonnaise

Knoblauchsauce mit Mandeln (Skorthalia me amygthala)

Knoblauchsauce mit Paniermehl (Skorthalie me yaletta)

Knoblauchstangen

Knoblauchsuppe mit Mayonnaise

Knoblauchwurst

Knoblauchzehen in Öl

Knödelbrot

Knollensellerie-Brei mit Hirse

Knollenselleriespaghetti mit Rucola-Pesto und Shrimps

Knouflspp'm

Knusperbrot

Knusper-Kokosmüsli

Knusper-Nussmüsli

Knusprige Bergkäse-Polentataler

Knusprige Tofubällchen mit gespickten Orangenscheiben

Knuspriger Milchsandwich mit Mandelsauce und Himbeeren

Knuspriger Red Snapper mit Mais-Papaya-Relish

Kochsalat

Kohlrabi mit Reisfüllung

Kohlrabi-Carpaccio

Kohlrabi-Gemüse

Kohlrabi-Lasagne

Kohlrabisalat

Kohlrabi-Schnitzel

Kohlrabisuppe

Kohlrouladen

Kohlsuppe (Soupa Lahana)

Kokos-Blumenkohl-Suppe

Kokosbusserl

Kokosgarnelen mit Gurkensalat

Kokos-Ingwer-Suppe mit Curry

Kokos-Limetten-Kuchen

Kokos-Melonen-Suppe, kalte

Kokosmilchsuppe mit Champignon

Kokosparfait mit Schokoladensauce

Kokos-Rindfleisch-Eintopf nach ostafrikanischer Art

Kokosrisotto

Kokossuppe mit Garnelen

Kokossuppe mit Garnelen und Zuckerschoten

Kokossuppe mit Möhrenspaghetti und Garnelen

Kölner Sparbrot

Königsberger Flecke

Königsberger Klopse

Kopf in Met

Kopfsalat-Wrap mit Gemüsenudeln und Erdnuss-Dip

Kornelkirschen-Kürbiskern-Florentiner

Kornspitz mit Kräuterquark

Krabbencocktail

Krabbenfrikadellen mit Remoulade

Krabbensalat für das Neujahrsbüfett

Krabbensuppe

Krabbentatar mit marinierten Avocados

Kräftigende Hühnersuppe

Kraftkuchen

Krainerwürste

Kranzele

Krapfen (Plattlan)

Kraut mit Angusrind

Kräuterbratlinge

Kräuterbutter (zu Grillfleisch, Grillfisch, Grillgemüse, Kartoffeln, geröstetem Brot)

kräuterfisch in folie

Kräuter-Hendl in Salzkruste

Kräuter-Heringe, grüne

Kräuterimbale mit geräuchertem Lachs

Kräuter-Kartoffeln mit Olivenquark

Kräuter-Meersalzbaguette

Kräutermuffins mit Parmaschinken

Kräuterquark

Kräuterreis

Kräutersauce

Kräuterschnecken

Kräutersüppchen

Kräuterzander auf Rahmblumenkohl

Krautfleckerl

Krautknödel

Krautwickel

Krebse im Reisring

Krebse mit Wiesenkräutern

Krebsfleisch-Terrine

Krebskoteletts mit Krebsbutter

Krebs-Quiche mit Brunnenkresse

Krebs-Soufflé

Krebssuppe, falsche

Kremser Senf

Kremstaler Fleischknödel

Kreneier

Krensauce

Kren-Schnitzel

Krhlenka (Weiße Rüben-Eintopf)

Kriecherl in Essig

Kriecherlmarmelade

Krumpanwatsch

Kryddhjörtu - Pfefferkuchenherzen

Kuchen-Knabbeln

Kukuruzsuppe

Kunterbunter Kindersalat

Kürbisauflauf

Kürbis-Brei mit Reisflocken

Kürbisbrot

Kürbis-Chips

Kürbiscremesuppe

Kürbiscurry

Kürbiseintopf mit Pute

Kürbis-Eiweißbrot

Kürbisgemüse

Kürbisgemüse

Kürbisgulasch

Kürbiskernbrot

Kürbiskern-Hechtnockerln

Kürbiskern-Knödel auf Hollersauce

Kürbiskernkuchen

Kürbiskernlaibchen mit Rinderfiletscheiben, Kresse und Kernöl

Kürbiskern-Schnitzel (oststeirische)

Kürbiskernwand mit Kernöldip und Apfelessig

Kürbiskuchen

Kürbisküchle

Kürbis-Linsen-Suppe

Kürbismarmelade

Kürbis-Orangen-Cremesuppe

Kürbisparfait

Kürbis-Pie, cremiger

Kürbispizza mit Manouri und Pinienkernen

Kürbispolenta

Kürbispudding mit Kokos

Kürbis-Reis-Gemüse

Kürbisrisotto

Kürbissalat

Kürbis-Salzszangerlragout mit Majoran

Kürbisschitzel

Kürbisspaghetti mit Ricotta und Kürbiskernen, marinierte

Kürbisspalten aus dem Ofen

Kürbis-Spinat-Brei

Kürbisstrudel

Kürbis-Suppe

Kürbissuppe mit schwarzen Bohnen

Kürbistorte

Kurländischer Fischauflauf

Kurltoppar - Lakritz-Plätzchen

Kuru Dolmar

Kuru Fasulye (weiße Bohnen)

Kuru Köfte (gebratene Fleischbällchen)

Kurzgebratenes

Kuttelpörkölt

Kuttelsuppe

Lachs auf Fenchel und Pilzen in Weißweinsoße

Lachs auf Spinat mit Bratreis

Lachs in Kaviarsauce

Lachs in Mojo-Sauce

Lachs mexikanische Art

Lachs mit Basilikum-Avocado-Kruste

Lachs mit Dillsauce, pochierter

Lachs mit Sauerrahm

Lachs mit Walnuss-Salsa-verde, knuspriger

Lachs mit Zitronenpesto und grünem Gemüse

Lachs und Jakobsmuschen mit Koriander und Limetten

Lachs-Avocado-Salat

Lachs-Cocktail

Lachscreme

Lachsfilet auf Kürbsicreme mit Zucchinispaghetti

Lachsfilet mit Porree-Kräuter-Haube

Lachsfilet mit Sauce hollandaise und Spinat

Lachsforelle im Frack

Lachsforelle in der Krenkruste

Lachs-Frittata

Lachs-Garnelen-Röllchen mit Pflaumensauce

Lachsnudeln

lachspalatschinken

Lachsragout mit Zucchini-Petersilien Reis

Lachsrahmsoße für Nudeln oder Gnocchi

Lachs-Sandwich

Lachst mit Champagner-Senf-Sauce, gegrillter

Lachstatar mit Frischkäsehaube

Lagkage mit Beeren

Lahmacun - türkische Pizza

Lakkrisis - Lakritz-Eis

Lakkristerta - Lakritz-Törtchen

Lakkristrufflur - Lakritz-Trüffel

Lakkrisúkkulaði - Lakritzschokolade zum Selbermachen

Laksa (Currysuppe mit Krabben und Fadennudeln)

Lalap ketimun (rohe Gurken mit Samal ulek)

Lambakjöt með curry - Lamm-Curry

Lambällchen mit Bohnen

Lamm mit Aprikosen

Lamm mit Möhren-Rosenkohl-Spaghetti

Lammbraten mit Stranngerln

Lammcurry

Lammeintopf

Lammfilet in Pflaumen-Rotwein-Sauce

Lammfilets am Rosmarinspieß

Lammfleisch mit Spinat in Zitronensauce (Arni me spanaik avgolemono)

Lammfleisch mit Tomaten (Arni me domates)

Lammfleischröllchen

Lammfleischsuppe

Lammflesich mit grünen Bohnen (Arni me fassolia fresca)

Lammfrikassee mit Zitronensauce (Arni fricasse avgolemono)

Lammhaxen

Lammkarree im Blätterteig

Lammkeule auf Ratatouille

Lammkeule im Zweigeltsaftl

Lammkeule Victory

Lammkotelettchen mit Brennesselspinat

Lammkoteletts mit Möhrengemüse

Lammkoteletts mit Speckböhnchen

Lammkrone im Bergheu

Lammlachse mit Peperonata

Lammlachse mit Shiitake-Ratatouille

Lammpastete mit Gelee

Lammragout mit Granatapfelkernen

Lammrücken mit Melanzani "Parmigiana"

Lammschlegel "natur"

Lammschulter mit Eierschwammerl

Lammspießchen mit Hummusdip

Lampe e Tuone

Landmais

Langos

Languste in Lavendelfond

Langusten mit Avocado

Lasagne vom Rindsfilet mit gebratenem Gemüse

Lasagne von Fisch und Lauch

Lasagne von Wirsing

Latinische Poularde "Primavera"

Lauch im Schinkenkleid

Lauch mit Schinken

Lauchcreme

Laucheintopf mit Krabben

Lauchkremsuppe

Lauchkuchen mit Pinienkernen

Lauch-Oliven-Quiche

Lauchpastete

Lauchsoße

Lauchtorte mit Garnelen

Laufabrauð - Laubbrot

Laugenbagel-Burger mit Kernöl-Mayonnaise

Lausitzer Erbseneintopf

Läuterkoch

Lauwarmer Salat vom Seeteufel und Kirschtomaten

Lavendelblütenzucker

Lax i Blábærsósa - Lachs in Blaubeer-Marinade

Leberknödel

Leberknödelsuppe

Leberpaste

Leberreis

Leberschedl / Leberbunkl

Leberspießchen mit Salbei

Leberwurst

Leberwurst aus Räuchertofu und Bohnen, vegane

Leberwürste

Leckere Pfannkuchen

Leichte Malakofftorte

Leichter Waldorfsalat

Leichter Wurstsalat

Leineweber

Leinsamenbrötchen

Leinsamen-Rosinenbrot

Lekvar, Paprika-, Paradies-, Zwiebel-

Lelawar Bali (Hackfleisch nach balinesischer Art)

Lemper ajam (Gefüllte Reisrollen)

Leoni-Reis

Letscho

Limonenbeuschel

Limonenlikör

Linguine al Limone

Linguine al Tonno e Pomodoro

Linguine con Peperoni

Linguine mit Innereien und Melone

Linguine mit Lachs

Linguine mit Räucherlachs und Rucola

Linguine mit Ricotta und Minze

Linguine mit Rucola-Nuss-Pesto

Linguine mit Zitronenscampi

Linguini o Spaghetti alle Olive

Linsenbratlinge

Linsen-Brokkoli-Gratin

Linsen-Hummus

Linsen-Kokos-Suppe

Linsenlaibchen

Linsen-Möhren-Suppe, marokkanische

Linsensalat

Linsensalat (steirischer)

Linsensuppe

Linsensuppe

Linsensuppe (Fakasoupa)

Linsensuppe mit Auberginenwürfel

Linsensuppe mit gebratenen Steinpilzen

Linsensuppe mit Speck und Nackerte Nocken

Linsensuppe mit Walnuss-Topping

Linsentopf mit Lauch und Paprika

Linsentopf mit Selchripperln

Linzer Augen

Linzer Torte

Lissabonner Reis-Salat

Lombardischer warmer Pilz-Salat

Lombardisches Gemüsepfännchen

Lombok isi (Gefüllte Pfefferschoten)

Lontong (Reiswürfel)

Lorbeerkartoffeln mit Tomatenquark

Löser mit WEinsoss

Low-Carb-Brot mit Leinsamen

Low-Carb-Ei-Soufflé auf Tomatencarpaccio

Löwenzahnsalat

Löwenzahnsalat mit Tofu-Croutons und Sellerie-Chips

Löwenzahnsoße

Lúðusúpa - Heilbuttsuppe

Lüfer Izgara (Gegrillter Blaufisch)

Luftiges Garnelenomelett

Luftstrudel

Lumpia goreng (Gefüllte chinesische Frühlingsrollen)

Lungenhaschee

Lungenklöße

Lungenstrudel

Lustenauer Mostsuppe

Luxusversion für Gourmets - Spiegelei mit Trüffel

Lychee kee (Gebackene Hühnerbrust mit Lychee oder Ananas)

Magetout-Bohnensalat

Maischelen

Mais-Chratzete

Maiscremesuppe

Maisgrießauflauf

Maisgrieß-Brei mit Erdbeeren

Mais-Käse-Puffer

Maisklöße

Maiskolben-Topf

Maiskrem mit Brotaufstrich

Maiskuchen

Maispuffer

Maissalat

Maissuppe

Maistorte

Maiwipferlsirup

Majoran-Erdäpfel

Majoranfleisch

Majoranlinsen

Makkaroni mit Gorgonzola-Walnuss-Sauce

Makkaroni mit Hackfleischsauce

Makkaroni mit Mascarpone

Makkaroni mit Petersilie und Zitronen-Zucchini

Makkaroni mit rohem Spargel und Tomaten

Makkaroni-Käse-Auflauf

Makrele "im Boot"

Makrele mit Zucchini

Malakofftorte

Malakofftorte geeist

Malaysische Kokosnudeln mit Garnelen

Malloreddus col Ragù Agnello alla Sarda

Mallorquinischer Gemüseauflauf

Malzkornknöderl mit Raumragout und Petersilie

Mandelbirnen (Amyghalota)

Mandelcreme mit weißem Mandelmus

Mandelforelle mit Rahmwirsing

Mandelgebäck (Ergolavi)

Mandel-Kirsch-Energieriegel

Mandelkren

Mandelkuchen

Mandelmuscheln mit Feigen und Glögg-Sirup

Mandelnocken mit Vanillesauce und Beerenmix

Mandelpfannkuchen

Mandelrollen (Floyeres)

Mandelsauce mit Ei

Mandeltarte mit Sommergemüse

Mandelwaffeln

Mango-Eis

Mango-Ingwer-Suppe

Mango-Kiwi-Savarin

Mangokuchen

Mangoldhuhn und Selleriepüree

Mangoldsuppe mit Tofu, klare

Mango-Möhren-Shake

Mango-Paprika-Relish

Mango-Quark-Trifle mit Pinienkernen

Mangosauce

Mangosorbet

Mannertorte

Manti (gefüllte Teigtaschen mit Joghurtsauce)

Marchfelder Spargelcremesuppe

Margs konar hjónabandssæ - Eheglück auf verschiedene
Weise - Happy Marriage Cake

Marias Uhudler-Krautsuppe

Marienstätter Tomatensuppe

Marillen Mandelkuchen

Marillen-Rührkuchen

Marillenstrudel

Marinierte Auberginen

Marinierte Champignons

Marinierte Fische

Marinierte Garnelen "scharf" im Knoblauchbaguette

Marinierte Lachsforelle imt Kräutern

Marinierte Paprikaschoten aus dem Piemont

Marinierte Rindfleischstreifen mit Babymais und Paprika

Marinierte Sardinen aus Ligurien

marinierte schweinsmedaillons

Marinierter Fisch mit Pfirsich-Salsa

Marinierter Tafelspitz

Marinierter, gebratener Tofu

Mariniertes Fasanenbrüstchen mit Ingwer-Schmorgemüse

Mariniertes Rindfleisch

Märkisches Kalbsfrikassee

Markknödel

Marokkanische Linsensuppe

Marokkanischer Fisch-Tagine

Maronencrem

Maronenkuchen

Maronenmoussee

Maronensuppe mit Hirschschinken

Maronensuppe, edel-scharfe

Maroni

Maroni in Vanillesirup

Maroni Pyramide

Maroni-Birnen-Waffeln mit Obstspalten

Maronicremesuppe mit Hasenfilets

Maronicremesuppe mit Zimtstangerl

Maroniparfait

Maronireis

Maronisalat

Maroni-Schokoladentorte

Marzipankartoffeln, falsche

Marzipanstollen

Mascarpone-Ecken "Fiorella"

Massaman Curry mit Kokoschips

Matjestatar

Matriciani mit Lamm-Ragù

Matrosenfleisch mit Erdäpfelkruste

Maulbeersalat mit Erdbeeren und Basilikum

Mauricios Lamm-Kichererbsen-Suppe

Mayonnaise-Eier

Mayonnaise-Salat

Mazedonische Kartoffelsuppe

Mazedonischer Kürbisspargel

Meat-Grießspeise

Medici Gemüsetopf

Mediterraner Obstsalat mit Minze und Feigen

Meeresfrüchte-Paella

Meeresfrüchtesalat mit Sellerie

Meeresfrüchte-Tempura

Meerrettichsuppe mit Lachsstreifen

Mega-Hamburger

Mehlknödel

Mehlschöberl

Mehlsuppe, begräunte

Melchermuas

Melone mit Portwein

Melonenbrei

Melonenkugeln

Melonen-Obstsalat im Reisrand

Melonensuppe

Menemen (Tomaten-Paprika-Eier)

Mercimek Corbasi (Linsensuppe)

Mettensuppe

Mexikanische Fischsuppe

Mexikanische Kartoffeln

Mexikanischer Bohnentopf

Meyhane Pilavi (Pilav aus Weizen mit Fleisch)

Meyva Hosafi (Schmorfrüchte)

Mihun goreng (Gebackene chinesische Reis-Fadennudeln)

Miinse (Scharling)

Milch-Haferflocken-Suppe

Milch-Quinoa mit Sauerkirschen

Milchrahmstrudel

Milchreis

Milchreis mit Orangen

Milchreis mit Pflaumenkompott

Milch-Vollkorngrieß-Brei mit Birne

Mildes Kastanienbrot

Mildes Tintenfisch-Chili

Millstätter Speckhecht mit Salbeierdäpfeln

Milzschnitten

Minestrone

Mini-Bratäpfel mit cremigem Joghurt

Mini-Burger mit Pastinaken

Mini-Clafoutis mit getrockneten Tomaten

Mini-Pizza mit Brokkoli-Boden

Mini-Quiches

Minze-Limette-Kugeln, rohe

Misir Corbasi (Maissuppe)

Misosuppe

Mispelcreme

Mit Bier abgeschmalzte Kalbstelze

Mit Eierspeis gefüllte Paradeiser

Mit Lammhack gefüllte Paprikaschoten

Mit Ziegencurry gefüllte Rote Bete in Karotten-Kürbis-Sauce

Mohnbeugel

Mohnknödel

Mohn-Kümmelgebäck

Mohnnudeln

Mohn-Oberswürfel

Mohnomelett

Mohnpingl

Mohnschöberlsuppe

Mohnstriezelpuffer mit Knoblauch-Schnittlauchjoghurt

Mohnstrudel

Mohntorte

Mohnzelten

Mohr im Hemd

Möhrchensuppe mit scharfem Kraut

Möhren-Apfel-Brei mit Haferflocken

Möhrenbrei

Möhrenbrei

Möhren-Fenchel-Kartoffel-Brei

Möhrengemüse mit Schweinefleisch auf Kartoffelschnee

Möhren-Kapern-Salat

Möhren-Kartoffel-Fleisch-Brei

Möhren-Kohlrabi-Brei mit Hähnchenbrust

Möhren-Kokos-Mandelkuchen mit Guss

Möhrenkuchen, saftiger

Möhrenlasagne

Möhrenmarmelade

Möhrennester mit bunten Tomaten und Mozzarella, gelbe

Möhren-Orangen-Salat

Möhren-Orangen-Suppe

Möhrenpuffer

Möhren-Reissalat mit Bohnensprossen

Möhren-Sesam-Cracker indisch

Möhrensuppe mit Bockshornklee

Möhrensuppe mit Ingwer

Möhren-Tacoschalen mit Salsa, Steak und Salat

Möhren-Zucchini-Frittata

Mohrrüben-Napfkuchen

Montafoner Hirschrücken

Monte Bianco

Moorhuhn - Grouse

Moosbeerfleck

Mostbowle

Mostbraten mit Grammelsterz

Mostbratl

Mostessig

Mostkitzerl

Most-Schürfel

Moststangerl

Mostsulz mit Früchten und Eierlikör-Obers

Mostsuppe

Mousse au Chocolat

Mousse au chocolat

Mousse aus Trockenpflaumen

Mozzarella Capricciosa

Mühlviertler Kochkas

Multivitamingelee mit Erdbeeren

Muscheln in Met

Muscheln in Senfsauce

Muscheln mit Kräuterbutter

Muscheln, überbacken

Müsli-Muffins

Mysingur - Cremiger Molkenkäse

Mysuostasúpa - Molkenkäse-Suppe

Nachspeise (aus Kuchenresten)

Nachtkerzengemüse

Nacken in Wein

Nackerte Nockerln

Naschmarktgulasch

Nasi (gekochter Reis)

Nasi goreng (Nasi = gekochter Reis, goreng = gebacken)

Nasi gurih (aromatischer Reis)

Nasi kebuli (Indischer Reis)

Nasi kukus (gedämpfter Reis)

Nasi kuning (gelber Reis)

Nasi rames oder ramas (ein Tellerservice)

Naturreis mit Hackfleischsoße

Naturschnitzel

Neujahrskuchen (Vassilopita)

Neunkräutelsuppe

Nikoläuse

Nohutlu Pilav (Reis mit Kichererbsen)

Nougat Grießknödel auf Ananasmark

Nougat-Grießknödele in Holundersuppe

Nudelauflauf mit Tomatensoße

Nüdele mit frsichen Pfifferlingen

Nudel-Garnelen-Auflauf

Nudeln mit Fisch und Rahm

Nudeln mit Kürbis-Bolognese

Nudeln mit Oliventapenade

Nudeln mit Paprika-Hähnchen-Sauce

Nudeln mit Paprika-Kräuter-Sauce

Nudelsalat mit Schinken

nudelsalat thai

Nudelsoße mit Stangen- oder Bleichsellerie

Nudelsuppe

Nudelsuppe mit Gemüse

Nudeltorte

Nudel-Zucchini-Plätzchen

Nussbeugel

Nussbrot mit fruchtigem Lachstatar

Nußgebäck mit Sirup (Baklava)

Nusshähnchen mit Ananast

Nuss-Honig

Nussige Sanddorncreme

Nußkuchen (Karidopita)

Nusskuchen aus Südfrankreich

Nusskuchen im Glas

Nuss-Saaten-Brot

Nußsauce zu Schweinefleisch

Nußtaschen (Scaltsounia)

Oarkas (Eierkäse)

Obatzda

Obst mit Joghurt Dip

Obstbrei

Obstessig

Obst-Getreide-Brei

Obstmus auf Vorrat

Obst-Quark-Speise

Obstsalat mit Käse und Sherrysauce

Obststicks

Ochsenauen

Ochsenfilet nach Winzer-Art

Ochsenmaulsalat

Ochsenschmorbraten mit Kohl

Ochsenschwanzaufstrich

Ochsenschwanzragout mit Erdäpfelpüree

Ödenburger Bohnentorte

Ofenbraten

Ofenkartoffeln mit Dip

Ofenschlupfer

Ofenzucchini

Ofergugger

Ofnbakað blómkál - Gebackener Blumenkohl

Oggauer Welschriesling-Suppe

Oglio-Suppe

Oktopus-Carpaccio mit Paprikadressing

Öl- und Essig-Sauce (Saltsa ladoxido)

Öl-Essig-Sauce

Oliven-Aufstrich mit getrockneten Tomaten

Oliven-Dressing

Olivenkuchen

Olivenpaste als Brotaufstrich

Oliven-Quark-Dip

Olivenquiche

Olivensalat

Ölpfefferoni

Ölsardinen - griechisch gebacken

Ölsuppe

Omas Honiglebkuchen

Omas Salzstangerl

Omelett im Greek-Salad-Style

Omelett mit Saiblingskaviar

Omelett mit schwarzem Sesam

Omelette mit Herbsttrompeten

Omeletts mit Kartoffeln und Gurken

Opor ajam (Huhn in weißer Sauce)

Orak-arik (Gehacktes Fleisch, gemischt mit Kohl und Eiern)

Orangen mit Apfelcreme aus Saloniki

Orangen oder Zitronen in Sirup (Nerandzaki ylyko)

Orangen-Cashew-Nudelpfanne

Orangenquark

Orangen-Reis

Orangen-Reiscreme

Orangensalat

Orangensalat

Orangenschaum mit Beeren

Orangensterne

Orecchiette con Broccoli e Pomodoro

Orecchiette con Cime di Rape

Orecchiette mit Sardellen, Kapern und Oliven

Orecchiette mit Ziegenfrischkäse und Zucchini

Oskar auf geröstetem WEißbrot

Osterbrot

Osterhase mit Puddingfüllung

Osterkuchen (Halvas)

Osterlämmchen

Oster-Pudding

Ostersuppe (Majiritsa)

Ostpreusen-Braten

Ottakringer Ochsenschlepp

Paccheri mit Sepien und Tomatensauce

Pachfurter Weidelamm in Rubin Carnuntum

Pad Thai

Paella mit Muscheln und Weißwein

Paglia e Fieno alla Ciociara

Palatschinken

Palatschinkenröllchen

Palatschinken-Roulade

Palotzengulasch

Panadlsuppe

Panaeng-Curry mit Pute

Pancakes mit Frischkäse

Pancakes mit Räucherlachs

Pangasius im Päckchen

Pangék daging (Sumatraer Fleischgericht)

Pangsit goreng (Gebackene chinesische Ravioli)

Pangsit rebus (Chinesische Ravioli Suppe)

Panhas

Panhas Ersatz

Panierte Bananen mit Honigsoße

Panierte Kalbsbrust

Panierte Shrimpsmit Aioli

Panierter Brokkoli

Panierter Kohl

Panna Coco mit Himbeeren und Lavendelblüten

pannenkoekjes met wortel & kikkererwt met hummus & gepofte tomaat

Pannetone

Pansen auf römische Art (Trippa alla romana)

Papaya-Avocado-Salat mit Seranoschinken

Pappardelle con la Lepre

Pappardelle mit Kaninchensalami

Papperdelle mit Oktopus und ´Nduja

Paprika mit Soja-Reisfüllung

Paprikaaufstrich

Paprikacremesuppe

Paprika-Erbsen-Eintopf mit Salami

Paprikahendl

Paprikahendl

Paprikahuhn

Paprikahuhn mit Erbsensterz

Paprikamuffins mit Schinken

Paprika-Mug-Cakes mit Schafskäse und Sardellen

Paprika-Reis

Paprika-Reis-Salat

Paprika-Ricotta-Suppe mit Honig

Paprikaschoten mit Sardellenfilets und Oliven

Paprikasuppe mit Gruyére

Paprika-Zwiebelsalat

Paradeisfisch

Paradeis-Fisolen

Paradeiskoteletts

Paradeis-Kraut

Parfait von Schwarzen Nüssen

Parmesankörbchen mit Vitello Tonnato

Passatelli in Hühnersuppe

Pasta ´chi Vrocculi Arriminati´

Pasta al Forno con Asparagi

Pasta alla Primavera

Pasta con la Verdura

Pasta con le Fave al Prosciutto

Pasta e Ceci

Pasta e Fagioli

Pasta e fagioli - Bohnensuppe mit Nudeln

Pasta e Lenticchie

Pasta e Piselli con la Pancetta

pasta in gorgonzolasauce

Pasta mit Bratwürstlsugo

Pasta mit kalter Zitronensauce

Pasta mit Kirschtomaten und Rucola

Pasta mit Lachs und Minze

pasta mit peperonata

Pasta mit Pesto und Schinken

Pasta mit roher Tomatensauce

Pasta nicoise

Pasta-Auflauf

Pasta-Blitzrezepte

pastaschelpen met ragù & tomatensaus

Pasticcio di Carcio

Pasticcio di Conchiglie con Salsa Verde

Pasticcio di Maccheroni con le Melanzane

Pasticcio di Maccheroni con le Zucchine

Pastiera Napoletana - Mürbeteigkuchen aus Neapel

Pastinakengemüse

Pastinaken-Ingwer-Brötchen

Pastirmalie Yumurta (Pastirma Eier)

patatas bravas

Patates Köftesi (Kartoffelbällchen)

Patates Salatasi (Kartoffelsalat)

Patisson-Salat

Patlican Salatasi (Auberginensalat)

Paulanerwürste

Pektinschaum

Pellkartoffeln mit kalter Kräutertunke

Pellkartoffeln mit Senftunke

Penne al Cavolfiore

Penne al Forno con Pomodoro e Mozzarella

Penne all`Arrabbiata

Penne alla Alberoni

Penne all'arrabbiata (Nudeln auf die zornige Art)

Penne alle Olive

Penne con Peperoni

Penne mit Auberginen-Hackfleisch-Sauce

Penne o Rigatoni con Zucchine

Pennette alla Ines

Peperonata

Peperoni Ripieni di Pasta

Perchten-Pillen

Perkedèl (Frikadellen)

Perkedèl djagung (Maisfrikadellen)

Perlhuhn in Rahmsauce

Perlhuhnkeule mit Zitrone und Oliven

Perlhuhnkeulen a la Coq au vin

Persischer Reis

Pesto-Brokkoli-Muffins

Pestonudeln mit Gemüse

Petersfisch en Papillote

Petersilienkartoffeln

Petersilien-Kartoffel-Suppe

Petersilienwurzelsuppe mit Kartoffeln

Pfannenback mit Obst

Pfannenbrot

Pfannengyros mit Knoblauchjoghurt und Pitabrot

Pfannkuchen mit roten Rüben gefüllt

Pfannkuchen mit scharfem Aprikosenmus

Pfannkuchen/Omeletten:

Pfannkuchensuppe mit Gemüse

Pfannkuchentorte mit Bananen-Hering

Pfannkuchenturm mit Heidelbeeren und Dickmilch

Pfefferfilet mit Lauchgemüse

Pfefferiger Zitronenessig

Pfefferkarpfen

Pfefferminz-Fondants

Pfeffernüsse

Pfefferschnecken

Pfefferstangen aus Schwarzbrot

Pferdefilet-Braten

Pferde-Gulasch

Pferderouladen

Pfiffering-Schnittlauch-Quiche ohne Boden

Pfirsich-Chili-Chutney

Pfirsichcreme

Pfirsich-Erdbeer-Shake

Pfirsich-Kirsch-Tiramisu

Pfirsich-Melba-Marmelade mit Chia

Pfirsichrisotto

Pfirsichsalat

Pfirsichsalat mit Schilchersekt

Pflastersteine

Pflaumen-Quark-Aufstrich

Pflaumensuppe

Pho - Vietnamesischer Suppentopf

Piccata vom Red Snapper mit Thymianblüten, sautiertem
Gemüse und Brunnenkresse

Pieros feine Fischplatte

Pikante Fischsulz

Pikante Geflügelsauce

Pikante Kürbissuppe mit Majoran

Pikante Nudelpfanne mit Fenchel und Thunfisch

Pikante Partytorte

Pikante Prinzregententorte

Pikante Schulter

Pikanter Birnen-Kuchen

Pikanter Puten-Gugelhupf

Pikanter Reissalat mit Käse

Pilaw

Pilzbratlinge

Pilzcreme

Pilz-Frittata

Pilzköpfe mit Knoblauch

Pilzkuchen

Pilzpaste

Pilzragout mit Tomaten

Pilzragout mit Weißkohl

Pilzrisotto

Pilzsuppe mit Blätterteighaube

Pimientos de Padrón mit Füllung

Pindang ajam (Huhn in Pindang-Sauce)

Pindang kuning Ikan (Gebackener Fisch in gelber Sauce)

Pindang kuning Ikan ketjap (Gebackener Fisch in gelber
Sauce mit Soja)

Pindang telor (Eier in Pfeffer- oder Paprikasauce)

Pinzgauer Kasnudeln

Pinzgauer Nocken

Pinzgauer Nüdel

Pinzimonio-Rigatoni

Piroggen mit Zwiebelgemüse und ausgelassenem Speck

Pirzola (Gegrillte Koteletten)

Pistazieneierkuchen

Pistazien-Pignolibrot

Pistaziensauce (Skorthlia me fystikia

Pita-Taschen

Pizza "Florentina"

Pizza mit Gemüse, Fisch und Käse

Pizza mit Ziegenkäse, Pfirsich und Thymian

Pizza: Champignon-Speck-Pizza

Pizza: Extrascharfe Peperonipizza

Pizza: Pizza Bianca

Pizza: Pizza mit gemischten Pilzen

Pizza: Pizza mit karamelisierten Zwiebeln & Rucolapesto

Pizza: Pizza mit Ricotta & Spinat

Pizza: Pizza Quattro Stagioni

Pizza: Sardellenpizza

Pizza: Schinken-Tomaten-Pizza

Pizzabrot

Pizzatoast

Plokkfiskur - Stampf-Fisch

Plow

Plus Getränkerezept von: Sbiten, Moosbeersaft, Kwass

Pochierte Birnen mit Mandelschaum und Veilchenblüten

Pochierte Eier "Princesse"

Pochierte Eier mit Senfsauce im Reisbett

Pochiertes Filet mit Kerbel-Gemüse

Pochiertes Filetsteaks im Schnittlauchfond mit Auberginen und Blattspinat

Pochiertes Lachsfilet mit drei Saucen

Pochiertes Rindsfilet im Rotweinsaft mit Erdäpfel-Oliven Püree

Podersdorfer Kellerfleisch

Polenta

Polenta-Lauch-Suppe

Polentastangerl

Polenta-Tarte mit Pilzen und Rucola

Polyp in Wein gekocht (Oktapodi krassato)

Pomodori secchi eingelegt

Pongauer Fleischkrapfen

Pongauer Lammauflauf

Pönnukökur - Isländische Pfannkuchen

Pönnukökuterta - Pfannkuchentorte

Pönnukökuterta með banana-sild

Popcorn (selbst gemacht)

Popcorn mit Butter

Pörkölt mit Nokedli

Porree Omelettes

Porridge

Porridge

Porridge mit Mango

Portobellopilze köstlich gefüllt

Portwein-Glögg fein gewürzt

Poularde in Vermouth-Sahne-Sauce

Poularde mit Thymian-Wermut-Sauce

Powerkugeln

Powermüsli mit Erdmandeln und Obst

Powidl

Powidl

Powidltascherln

Poysdorfer Eisweinschmarren

Prager Kuttelflecksuppe

Prager Schinken in Weißburgunder

Pralinen mit Schwarzen Nüssen

Preiselbeeren

Preiselbeeren mit Zucker

Preiselbeeren, süß-sauer

Presskopf

Printen

Prinzessfilet im Erdäpfelmantel

Prinzregententorte von Lachs

Prosecco mit Erdbeeren

Provenzalischer Gemüsetopf

Pulled Beef im Burger mit Senfmayo und Gurkenrelish

Punschkrapfen mit Stroh 80

Pustertaler Schwarzbeernocken

Pute mit Maronifüllung

Putenbrust mit Käse-Schinken-Füllung

Putenbuletten auf Zitronengemüse

Putenfleisch-Nuggets auf Reissalat

Putenfleisch-Päckchen

Puten-Sandwich

Putenschnitzel mit Aprikosensauce

Putenschnitzel mit Cornflakes-Panade

Qinoa-Risotto mit Pilzen

Quarkauflauf mit Kirschen

Quarkkrem

Quarkmuffins mit Heidelbeeren

Quarkstollen

Quarkweckchen mit Mandeln

quesadilla`s met chorizo of kip

Quinoa mit Gemüse

Quinoa mit Zucchinisauce

Quinoa-Gemüse-Topf

Quinoa-Hackfleischpfanne

Quinoasalat

Quittengelee (Kythoni peltes)

Quittenkäs

Quittenkompott

Quittenpaste (Kithonopasto)

Quittenpaste (Pastokithona)

Rabarbara hvanasalt - Rhabarber-Engelwurz-Salz

Rabarbara is - Rhabarber-Eis

Rabarbara- og Jarðaberjasulta - Rhabarber-Erdbeer-Sulta

Rabarbarabaka - Rhabarber-Crumble mit Erdbeeren

Rabarbarairop - Rhabarber-Sirup

Rabarbarasorbet - Rhabarber-Sorbet

Rabarbarasulta - Rhabarber-Sulta

Rabarbaraterta með möndlumarengs - Rhabarbertorte mit Mandel-Baiser

Radicchio gebacken

Radicchio gebraten

Radicchio-Puten-Salat

Radiccio-Shiffchen, gefüllte

Radieschen-Aufstrich

Radieschen-Dill-Suppe, frsiche

Radieschensuppe

Radieschen-Suppe

Raffinierter Reistopf

Ragoutreifen

Rahm-Bohnensuppe

Rahmbraten

Rahmgurken

Rahmherz

Rahmpalatschinken

Rahmschmarren

Rahmschnitzel

Rahmspinat

Rapunzel mit Paprika

Rapunzelsalat mit Orange und Sojasauce

Rapunzelsalat mit Sanddornsauce

Rapunzelsalat mit würzigem Sojadressing

Ratatouille

Ratatouille mit Reis

Ratatouille Suppe

Ratatouille, geschichtete

Räucheraal mit Joghurt-Sauce

Räucheraal-Krautstrudel

Räucherfische in Aspik

Räucherforellen-Mousse

Räucherforellenmoussee

Räucherlachs-Rucola-Salat

Räucherlachssalat mit bunten Gemüsenudeln und Limettendressing

Räuchermakrele mit Romanesco

Räucherribs mit BBQ-Sauce

Rauðkál - Rotkohl

Rauðrófusúpa - Rote-Bete-Suppe

Ravioli "La Mamma"

Ravioli con Salsa di Noci

Ravioli mit Ricotta auf Erbsencreme

Ravioli mit Spinat-Schinken-Füllung

Raviolig mit Krebsfüllung

Rebhuhn aus Marusi mit Oliven und Sellerie (Perhikes me
elies ke selino)

Rebhuhn im Kohl

Rebhuhn mit Oliven und Sellerie (Perthikes me elies ke
selino)

Rebhuhn mit Trüffeln

Red Snapper mit Fenchel

Regenbogensalaat

Reginette mit Entenbrustfilet

Reh in Rotwein

Reh in Waldmeistersauce

Rehfilets

Rehkitz mit Turmschinken

Rehmedaillons in Pfefferrahmsauce

Rehmedaillons mit Gänseleber-Blunz'n

Rehrücken in der Lehmkruste

Rehrücken in Rotwein

Rehrücken in Wurzelsauce

Rehrücken mit Preiselbeeren

Reiberknödel

Reibgerstel (Tarhonya)

Reinhilds Bananeneis

Reis mit Fisch und Hummer

Reis mit Frühlingszwiebeln

Reis mit geschmortem Gemüse

Reis mit Linsen, gewürzt

Reis mit Maiskölbchen, Zuckererbsen und Gurke

Reis Trauttmansdorf

Reisauflauf mit Früchten, überbacken

Reisauflauf Schönbrunn

Reisauflauf, pikant

Reisfleisch

Reisflocken

Reisflocken-Brei mit Apfel

Reisflocken-Brei mit Apfelmus

Reisflocken-Diätsüppchen

Reisflocken-Süppchen mit Eigelb

Reisfülle für kalte Dolmathes (Yemissis me rizi)

Reisfülle für warme Dolmathes (Yemissis me kreas ke rizi)

Reis-Gemüsesuppe

Reis-Kerbelsuppe, mit Sahne

Reiskrokette mit scharfer Sauce

Reiskücherl (Dessert)

Reiskugeln, gefüllt

Reisnockerl (Dessert)

Reisnudeln mit mariniertem Fisch

Reisnudelsalat

Reisnudelsalat

Reisperlen (Butterreis)

Reispfannkuchen

Reispudding mit Früchten

Reisrand (Reistassen)

Reissalat mit Garnelen

Reis-Sandwiches

Reisschleim

Reis-Sojagulasch, Szegediner Art

Reis-Soja-Topf

Reis-Spargelsülze

Reisstrudel

Reissuppe

Reistimbale mit Kapstachelbeeren

Reistopf mit Fischklößchen

Reis-Torte Arroz Romano

Reiswaffel-Brei mit Birne

Remouladensoße

Rempah (Gewürzte, mit Kokosflocken gemischte Frikadellen)

Rempèjèk udang (Knusprige Krabbenplätzchen)

Rendang (Padanger Fleischgericht)

Rentier mit Gerste

Rentierpfeffer

Rentiersteak schwedischer Art

Restl-Gulasch

Rhabarberflan

Rhabarberkompott mit Vanille-Reis

Rheinische Sauerschnetzel

Ribiselkuchen

Ribiselmarmelade, passiert

Ricottaravioli

Ricottatarte mit Romanesco

Ricottatarte mit Rosinen

Riebelesuppe

Riesengarnelen auf Mango-Sesam-Salsa

Riesengarnelen in Basilikumsauce

Riesengarnelen mit Brokkoli und Kräutern

Riesengarnelen mit Curry

Rigatoni ai Quattro Formaggi

Rigatoni al Forno con Salsa Aurora

Rigatoni alla Genoves

Rigatoni alla Norcina

Rigatoni mit Kürbisschaum

Rinbraten

Rinderbrühe

Rinderfilet "Metternich"

Rinderfilet auf Spargel und Estragonsauce

Rinderfilet mit Gänseleber

Rinderfilet mit Kohlrabi-Grünkohl-Pasta, pochiertes

Rinderfilet mit Parmesan

Rinderfilet und Scampi an zweierlei Saucen

Rinderfilet Wellington mit Pilzsauce

Rinderfilets auf Schnecken Bärlauchsauce

Rinderfiletsteaks auf Frühlingsgemüse

Rinderschulter Sous-Vide mit Quinoa-Rotkraut-Salat

Rindersteak mit Pfeffersauce

Rinderzunge mit Polnischer Sauce

Rindfleisch im Wok mit Tamarinde, Minze und Cashews

Rindfleischeintopf mit Gemüse (Kreas ke lahanika sti catsarola)

Rindfleischeintopf mit Paprika-Biersauce

Rindfleisch-Krenterrine

Rindfleisch-Okratopf

Rindfleischsalat

Rindfleischsalat "D´Abruzzo"

Rindfleischsuppe

Rindfleischsuppe mit Schwarzbrot

Rindgulasch mit Rosmarin

Rindsbäckchen "a la Haeberlin"

Rindsbraten geschmort in Wurzelsauce mit Braterdäpfel

Rindsbraten mit Senf-Kräuter-Kruste

Rindsbraten natur im Römertopf

Rindsbrust mit Fleisch-Gemüsefülle

Rindscarpaccio mit Taleggiocreme und Trüffel

Rindsfilet mit Zwiebel-Majoran-Jus

Rindsgeschnetzeltes mit Wurzelgemüse und Braterdäpfel

Rindsknochensuppe

Rindslungenbraten flambiert a la Kratky

Rindsrouladen mit Faschiertenfülle in Rahmsauce

Rindsrouladen nach Hausfrauen Art

Rindsschnitzerl mit Oliven-Paprikasauce

Risi-Pisi

Risotto

Risotto "Grana Padano"

Risotto "insalata"

Risotto mit grünen Erbsen

Risotto mit Jakobsmuscheln

Risotto mit Pilzen

Risotto mit Thunfisch und Pinienkernen

Risotto, römisch

Ritschert

Roachwürscht

Roastbeef mit Salsa verde

Roastbeef mit Yorkshire Pudding und Cumberlandsauce

Roastbeefbrötchen mit Gemüse

Roastbeefröllchen

Rochen in Buttersauce

Rófustappa - Rübengestampfes

Roggenknödel

Roh marinierter Saibling mit seinem Kaviar

Roher Spargelsalat

Rohkostteller mit Kräuterdip

Rohostsuppe, thailändische

Röllchen von Seezunge

Rollgerste mit Sellerie und Topinambur

Romanasalat mit Croutons

Romanesco-Brei mit Couscous

Rominterner Jagdgericht

Römischer Salat

Rosa gebratene Entenbrust an Orangensauce mit Maisplätzchen

Rosa Linsen mit Koriandergrün

Rosa Rehfilet mit Karfiolpüree

Rosa, die Schlange

Rosenkohl im Parmesanmantel

Rosenkohl in Specksauce

Rosenkohlgemüse mit gebratenem Käse

Rosenkohl-Gratin

Rosenkohlsalat

Rosenkohlsuppe

Rosenkopf-Pilz Suppe mit Hackfleisch

Rosmarinspieße mit Parmesanreis

Rostbraten mit Apfel-Käse-Kruste

Rostbraten mit Schwammerln

Rostbratenrouladen mit Spinat-Faschierten-Fülle

Röstbrot mit Knoblauch

Rösterdäpfel

Rösti

Rotbarben in Tomatensauce

Rotbarben livornischer Art

Rotbarsch "Saloniki"

Rotbarsch in Champignon-Sahne-Sauce

Rotbarsch-Zucchini-Auflauf

Rotbasch-Champignon-Gratin

Rote Beete mit Meerrettich

Rote Linsensuppe mit Currymöhren

Rote Rüben in der Salzkruste mit Trüffel und Entenleber

Rote Rüben mit Kren-Sauerrahm

Rote Rübensuppe mit Krennockerln

Rote-Bete-Aufstrich

Rote-Bete-Brokkoli-Salat mit Hähnchen

Rote-Bete-Dip

Rote-Bete-Kugeln

Rote-Bete-Möhren-puffer mit Käruterricotta

Rote-Bete-Salat mit Heringshäckerle

Rote-Bete-Salat mit Steinpilzen und Pfirsichen

Rote-Bete-Schokomuffins

Rote-Bete-Soße

Rote-Bete-Suppe mit Feta

Roter Avocadosalat

Roter Linsensalat

Rote-Rüben-Gnocchi mit Entenkeulenragout

Rotes Beerenfrühstück

Rotes Curry

Röthner Weinomelette mit flambierten Beeren

Rotkohl

Rotkohl-Orangen-Salat

Rotkrautsalat

Rotweinbirnen

Rotweinnudeln mit Specksauce

Rotwein-Rote-Rübensuppe

Roulade mit Faschiertem in Blätterteig

Rübenbonbons

Rübengemüse

Rübenknäckebrot

Rübenkraut

Rüben-Rotkraut

Rübenstrudel

Rucola-Frittata mit Ziegenfrsichkäse

Rucola-Kartoffelsalat

Rucolasalat mit frischen Feigen

Rucola-Salat mit getrockneten Tomaten und Pinienkernen

Rucolasuppe Trikolore

Rucola-Tagliatelle

Rudjak manis (Fruchtsalat mit gewürztem javanischem Zuckersirup)

Ruebli-Torte

Rúgbrauð - Isländisches Roggenbrot

Rúgbrauð ice cream - Roggenbrot-Eiscreme

Rührei mit Räucherfischen

Rührei mit Räucherlachs

Rührei mit Schnittlauch

Rumpsteaks mit Kapern-Salsa

Russische Tomatensuppe

Russische Zwiebelsauce

Saatenbrötchen

Sachertorte

Sadinenomelett

Saetas Pfannenbrot

Safrangebäck mit Mandeln und Früchten

Safran-Marillen-Marmelade

Safranreis

Safranrisotto

Safranrisotto mit Minze und Gamberoni

Safrantagliolini mit Meeresfrüchten

Saftige Schoko-Brownies

Saftiger Körnerauflauf

Sahneeis mit Brombeeren

Saiblingskaviar auf Stamperdäpfeln

Saiblingskaviar im Hühnerei

Sajur asam Betawi (Gemüsesuppe mit leicht saurem Geschmack)

Sajur bajam (Spinatsuppe)

Sajur kerri (Gemüsesuppe mit Curry)

Sajur lodeh Betawi (in Kokosmilch gekochtes Gemüse nach batavianischer Art)

Sajur sawi asin (Suppe mit eingesalzenem Lattich)

Sajur tumis (geschmorte Gemüsesuppe)

Salat aus Artischockenböden

Salat mit Emmentaler und Tomatenvnaigrette

Salat mit Feta und Walnüssen, mediterraner

Salat mit Gemüsenudeln und schafskäse, griechischer

Salat mit Hähnchenbrust, gemischter

Salat mit Rehleber und Pilzen

Salat mit Steakstreifen, bunter

Salat mit Thunfisch und Avocado

Salat mit Tomaten und Pfirsichen

Salat vom Kalbfleisch

Salat von dreierlei Bohnen

Salat von Honigmelone und Schafskäse

Salat von Hühnerfleisch

Salat von Stangensellerie

Salatpaste mit Vollkornriegel und Kräutern

Salatsauce, klar (Grundsauce)

Salbeibutter (zu Grillgemüse, Nudeln, Kartoffeln)

Salbeihähnchen mit Chili

Salbei-Spiegeleier auf Zwiebelbett

Salonbeuschel

Saloniki-Sauce

Salonikischer Fleischauflauf (Mousaka)

Saloniki-Zitronensauce

Saltimbocca mit grünem Spargel

Salzburger Bierfleisch

Salzburger Braten

Salzburger Krautspatzen

Salzburger Nockerln

Salzburger Weißbiersuppe

Salzgurken

Sambal goreng ati ajam (Gewürzte Hühnerleber)

Sambal goreng daging kering (Gebackene Fleischwürfel)

Sambal goreng ikan teri kering (Gewürzte, gebackene Fischchen)

Sambal goreng kentang kering (Gewürzte und gesüßte Kartoffelstäbchen)

Sambal goreng kol (Gewürzter Kohl)

Sambal goreng taotjo (Pfefferschoten mit Sojabohnenbrei)

Sambal goreng taotjo (Sojabohnenbrei mit Pfeffer- und Paprikaschoten)

Sambal goreng telor (Eier in gewürzter Kokosmilchsauce)

Sambal goreng udang (Krabben mit Pfefferschoten)

Sambal goreng udang buntjis (Gewürzte Bohnen mit Krabben)

Sambal ketjap (Gewürzte Sojasauce)

Sambal linkung (Fischgericht nach ambonesischer Art

Samosas

Samtige Brokkolisuppe

Sanddorn-Kaltschale

Sandwiches mit Avocado

Saray Katmeri (Spinat-Crepes-Gratin)

Sardellenbutter (zu geröstetem Brot, Fisch, Nudeln)

Sardellen-Tomaten

Sardinen in Wein

Sardinen mit Kräutersalat, marinierte

Sardinen, pikante

Sardinenmoussee

Sardische Fleischplätzchen

Sari Pilav (Safranreis)

Sarma- Krautwickel

Saté babi kuning (in Curry gewürzte Schweinsspießchen)

Saté babi manis (Süßes Schweinefleisch an Spießchen)

Saté daging (Rindfleisch an Spießchen)

Saté Madura (Fleischspießchen nach Madureserart)

Saté Padang (Padanger Fleischspießchen)

Saubohnen mit Speck und Minze

Sauce Tartar

Sauerampfer-Koteletts

Sauerampferpesto

Sauerampfersuppe

Sauerbraten vom Wildschwein

Sauerkirschen in Sirup (Vissino ylyko)

Sauerkrautbratlinge

Sauerkrautcracker

Sauerkraut-Joghurtsuppe

Sauerkraut-Kartoffeltorte

Sauerkrautsalat mit Äpfeln und Ananas

Sauerkrautschnitzel

Sauerkrautsuppe

Sauerkrautsuppe mit Räucherfleisch

Sauermilchtopfen

Sauerteigbrot

Saumagen

Saure Almsuppe

Saure Eier

Saure Haxl

Saure Kartoffelsuppe Mama Novak

Saure Kuttelsuppe

Saure Rahmspätzle

Saure Schwemmknödel

Saure Spanferkelsuppe

Saure Spätzle

Saure Suppe

Saure Surfleischsuppe

Saure Wurst (Beamtenforelle)

Saurer Schweinslungenbraten mit Ei

Saures Gestell

Saures Kronfleisch

Saures Schöpseragout

Sautiertes Bries mit Petersilienpüree

Scampi auf Kräuterart

Schafsfrischkäse mit Apfel-Balsamessig

Schafskäse Polsterzipf

Schafskäsecreme mit Paprika

Schafskäseterrine mit Graumohn

Schafsköpfe - Smalahove

Schafsuppe

Scharfe Hühnersuppe mit Kokosmilch und Austernpilzen

Scharfe Saucen: Harissa, Aioli, Ajvar, Meerrettichsauce)

Scharfes Fischcurry

Scharzbrottorte

Scheiterhaufen

Schellfisch mit Knoblauchkruste

Schellfisch-Garnelen-Quiche

Schellfisch-Quiche mit Gruyére-Soufflé

Schellfischsalat

Schikoree-Suppe

Schilcherbrot

Schilcher-Kräuterrahm-Rostbraten

Schilchersekt-Bowle

Schill in Rotwein-Paradeissauce

Schill mit Champigong

Schinken auf Förster-Art

Schinken im Brotteig

Schinken mit Fenchel

Schinkenknödel

Schinkenknödelrestl

Schinkennestchen

Schinkenrolle

schinkenrollen

Schinkenrouladen mit Sahnemeerrettich

Schinkensulz

Schlachtingakraut

Schlägl-Biercreme mit Powidlmark

Schlangenbohnen

Schlehengelee

Schlehenlikör

Schlehenmarmelade

Schliachtnudeln

Schlierbacher Käserahmsuppe

Schmalzkäse

Schmalzmus

Schmalznudeln

Schmarren vom weißen Gailtaler

Schmelzflocken-Bananen-Brei

Schmelzflocken-Fläschchen mit Birnensaft

Schmer-Pogatschen

Schmorbraten

Schmorbraten nach spanischer Art

Schneckentörtchen

Schneeballen

Schneegestöber

Schneemänner

Schneewittchenspeise

Schnelle Kebabs

Schnelle Kräuterquarkfladen

Schnelle Pizza

Schnelle Traubentörtchen "Lucrezia"

Schneller Spargelkuchen

Schnelles Fruchteis

schnelles tiramisu

Schnepfen "natur gebraten"

Schnepfen mit Schnitten

Schnittlauch-Brot

Schnittlauchsauce

Schnitzel, falsches

Schofkassupp'n

Schokkoladen-Erdnuss-Torte

Schokmok-Vanille-Smoothie

Schoko-Avocado-Creme

schoko-bananen-"suppe"

Schoko-Crispys

Schokoguetsle

Schokolade Obstkuchen

Schokoladen-Avocado-Kuchen

Schokoladen-Bananen-Creme

Schokoladenbrezeln

Schokoladen-Cookies

Schokoladen-Mokka-Parfait

Schokoladen-Muffins

Schokoladen-Swirl-Käsekuchen

Schokoladestrudel mit weißem Schokoladeschaum

Schokopudding

Schokopudding mit Erdnussbutter

Schokoravioli mit Erdbeercoulis

Schoko-Tahin

Schoko-Taler

Schotten

Schottischer Früchtekuchen

Schottsuppe

Schres lauwarmer Nudelsalat

Schroteintopf

Schulter in Bier

Schulterscherzel

Schupfnudeln aus Südtirol

Schürzkuchen

Schusterstrudel

Schwäbische Bauzen

Schwalbennester

Schwammerllaibchen

schwammerlreis

Schwammerlsuppe

Schwarzbeerdatschi

Schwarzbeerkoch

Schwarzbeerntorte

Schwarzbeersuppe

Schwarzbrotapfelschaum

Schwarzer Pudding - Black Pudding

Schwarzwurzel mit Seelachs

Schwarzwurzelsuppe mit Paresantalern

Schwarzwurzel-Topf mit Hähnchenbrust

Schwedischer Schinken

Schweinefilet im Kräutermantel

Schweinefilet im Speckmantel

Schweinefilet in Cidre

Schweinefilet in Cognac-Wurzelrahm

Schweinefilet mit Pflaumen und Wirsing-Kartoffel-Püree

Schweinefilets mit Uhudlerzwiebeln

Schweinefleischpflanzerl

Schweinekoteletts mit Gurkensalat

Schweineleber Berliner Art

Schweinelende auf mallorquinische Art

Schweinelende mit Knoblauch

Schweineröllchen mit Ratatouille

Schweineschwänze, gebackene

Schweinesteaks mit Avocado-Mango-Salsa

Schweinsfilet im Grammelmantel

Schweinshaxensalat

Schweinslungenbraten mit Pilz-Kräuterfülle

Schweizer Rindspfeffer

Schwertfischspieße mit Zitronensauce

Scirgno

Scrambled eggs (Rühreier) mit knusprigem Bacon (Speck)

Seadas, Ricotelle, Casadinas - verschieden gefüllte Käsetaschen

Sebzeli Pilav (Gemüsereis)

Seebarben ala Ligure - Seebarben ligurischer Art

Seebarben aus dem Ofen

Seehecht in Weißwein

Seelachs auf Rahmwirsing

Seetangröllchen mit Reis, Krabbenfleisch und Avocado

Seeteufel aus dem Ofen

Seeteufel aus dem Wok

Seeteufel mit Limetten-Chili-Sauce

Seeteufel mit Romesco-Sauce

Seeteufel-Curry mit Kaffir-Limettenblättern

Seewinkler Martinigans

Seezunge á la Meunière

Seezunge Florentiner Art

Seezunge, sauer-scharfe

Seezungenfilet mit Zitronen-Ricotta-Tortellini

Seezungen-Risotto

Sellerie in Zitronensauce (Sellinorrizes avgolemono)

Sellerie Rimini

Sellerie-Apfel-Salat mit Trauben

Selleriebowle

Selleriegemüse überbacken

Selleriescheiben in Bierteig

Selleriesoße

Selleriespaghetti-Flans an Mangold

Selleriesuppe

Semmelkloß, westfälischer

Semmelknödel

Semmelknödel geröstet

Semmelkren

Semmelschmarrn

Semmerrolle mit Risoletto und Karottenfritter

Semur ajam (Geschmortes Huhn)

Semur ajam Djawa (In Sojasauce geschmortes Huhn nach javanischer Art)

Semur daging (Geschmortes Fleisch)

Semur daging Djawa (In Sojasauce geschmortes Fleisch nach javanischer Art)

Semur lapis (Geschmorte Fleischschnitzel)

Senfbutter (zu geröstetem Brot, Grillfleisch, Krustentieren, Grillgemüse)

Senfeier mit Frühlingskräutern

Senfgurken

Senfsauce

Senfsauce (Saltsa mousthartha)

Senfschnitzel

Sepia-Cappuccino mit Kartoffelschaum

Sepia-Spaghetti mit weißer Tomatensauce

Serundeng (Geröstete Kokosflocken)

Sesamkartoffeln

Sesam-Lachs mit Champignons

Sesam-Petersilie-Pesto

Sesam-Rindfleisch im Wok

Shakshouka

Shrimpssuppe, sauer-scharfe

Siebenbürger Zwiebelkuchen

Sigara Böregi (Zigarettenbörek)

Sildarsalat - Klassischer Heringssalat

Silungur með rabarbarasósu - Forelle mit Rhabarbersauce

Sirkeli Patlican Salatasi (Auberginensalat mit Essig)

Sirupbonbons

Sirupriegel

Sizilianischer Seebarsch mit Oliven

Sizilianisches Fischragout

Sizilianisches Rinderfilet "Alfredo"

Skúffukaka - Schokoladenkuchen

Skyndi-kjötbollur - Schnelle Frikadellen

Smorrebrod mit dreierlei Belag

Smyrna-Würste mit Knoblauch (Soudzoukakia)

Sojabohnentarte

Soja-Eiersauce

Soja-Pilzsauce

Soja-Tomaten-Sauce

Soldatenkappen

Soljanka

Solospargel mit Donaufischen

Solospargel mit Schinken-Käsesauce

Somloer Nockerln

Sommerliche Beerentorte

Sommerlicher Rindfleischsalat mit Kürbiskernöl

Sommer-Muffins

Sonnenblumentaler

Sonntagabend-Käsnudeln

Sonntagsbrötchen

Sörur - Sarah-Bernhard-Kekse

Soto ajam (Currysuppe mit Hühnerstücken)

Soto babat (Currysuppe mit Kutteln)

Soto daging (Currysuppe mit Fleisch)

Soto Madura (Currysuppe nach Madureserart)

Soufflé di Tagliatelle

Sous-Vide-Flank-Steak mit Ofenpommes und Balsammayo

Spaghetti Aglio, Olio e Peperoncino

Spaghetti ai Fiori di Zucca

Spaghetti al Cartoccio

Spaghetti al Caviale

Spaghetti al Pomodoro e Arancia

Spaghetti al Tonno e Limone

Spaghetti alla Carbonara

Spaghetti alla Carrettiere

Spaghetti alla Chitarra col Ragù di Maiale

Spaghetti alla Crema di Scampi

Spaghetti alla Gorgonzola

Spaghetti alla Norma

Spaghetti alla Pescatora

Spaghetti alla Puttanesca

Spaghetti alla Rughetta

Spaghetti alle Cozze - Spaghetti mit Miesmuscheln

Spaghetti aus Zucchini und Pastinake, scharfe

Spaghetti Carbonara (Spaghetti alla carbonara)

Spaghetti con le Cozze o Vongole

Spaghetti con Melanzane e Noci

Spaghetti con Pomodori e Rughetta

Spaghetti con Salsa di Spinaci

Spaghetti con Sugo della Pizzaiola

Spaghetti con Zucchine

Spaghetti Indiavolati

Spaghetti Maria Grazia

Spaghetti mir Chili-Öl

Spaghetti mit Artischocken und Kapern

Spaghetti mit Blumenkohl in Gorgonzolasauce

Spaghetti mit Fleischsauce und Knoblauch (Spagheto me kima saltsa)

Spaghetti mit Fleischsugo

spaghetti mit kräutersauce

Spaghetti mit Ofentomaten

Spaghetti mit Radicchio

Spaghetti mit Shrimps und Rosinen

Spaghetti mit Venusmuscheln

Spaghetti nach Holzfällerart

Spaghetti o Penne con i Carciofi

Spaghetti Siracusani

Spaghetti Vesuvio

Spaghettini "Bresaola"

Spaghettini mit Sardellen

Spalterbsenpüree

Spargel mit Butterbröseln

Spargel mit Eierspeise

Spargel mit Morcheln

Spargel-Avodaco-Salat mit Räucherlachs

Spargel-Brokkoli-Brei mit Rindfleisch

spargelcremesuppe

Spargel-Eier-Creme

Spargel-Fenchel Risotto

Spargel-Kirschsalat

Spargel-Kokos-Curry mit Schweinemedaillons

Spargelpfannkuchen

Spargelpizza aus Venetien

Spargel-Prosciutto-Stangen

Spargelquiche

Spargel-Reis

Spargelsalat auf tosaknische Art

Spargelsalat mit Artischocken-Vinaigrette

Spargelsalat mit Avocado und Paprikaschoten

Spargel-Salat mit Erdbeeren und Feta

Spargelsuppe mit Erbsen und Spinat

Spargelsuppe von den Schalen

Spargeltorte

Spätzle

Speckbraten

Speckfleck

Speckgrießknödel

Speckhühnchen mit Spargelsalat

Specknester mit Portulak und Himbeeressig

Specksalat

Speierling-Schmarren

Spiegeleier, falsche

Spieße mit Lachs und Jakobsmuscheln

Spieße mit Zucchini-Röllchen

Spinat mit Reis (Spanakorizo)

Spinatbratlinge

spinatcremesuppe

Spinat-Kartoffelbrei mit Ei fürs Baby - Wachseier mit Spinat
und Bratkartoffeln für die Mutter

Spinatknöpfle

Spinatkuchen nach italienischer Art

Spinat-Lachs-Lasagne

spinatpalatschinken

Spinatpastete (Spanakopita)

Spinatpfannkuchen überbacken

Spinatreis

Spinat-Reis-Auflauf

Spinat-Reis-Salat

Spinatrouladen auf Tomatensoße

Spinatrouladen mit Räucherlachs

Spinatsalat

Spinatsalat (Spanaki salata)

Spinatsalat mit Feta und Kernöl

Spinatsalat mit Forellenfilet to got

Spinatsalat mit Kartoffeldressing

Spinatsalat mit Meeresfrüchten

Spinatsuppe mit Reis

Spinatwachteln

Spinat-Zucchini-Cremesuppe

Spiralen mit Zucchini-Kräuter-Soße

Spirali mit Pinienkernen und Salbei

Spitzbuben

Spitzenkekse

Spitzkohlsalat mit Radieschen und Brunnenkresse

Spreewälder Eintopf mit Meerrettich

Spreewälder Gurkengemüse mit Speck

Spreewälder Hechtfilet im Speckmantel

Springerle

Spritzgebäck (mit Haferflocken)

Sprossen-Müsli

Staberlfische

Steack in Knoblauchsauce (Sofrito)

Steaks vom Rindsfilet mit warmem Gemüsesalat

Steckrübenauflauf

Steckrübenbrot

Steckrübeneintopf

Steckrübenkaffee

Steckrübenklößchen

Steckrübenpuffer

Steckrübensoße

Steckrübentabak

Steierkasnocken

Steinbeißer in Mandelsauce

Steinbockschnitzel

Steinbutt im Limetten-Zitronengras-Fond

Steinbutt mit Kapern

Steinbuttfilet auf Basilikumpüree und Safransauce

Steinbuttfilet im Ratatouillefond mit Pilzen

Steinpilzauflauf

Steinpilznudeln

Steinpilz-Risotto mit frischen Kräutern

Steinpilztartar mit Lammschinken

Steinweichsel-Marillensauce

Steirerkas sauer

Steirerkas-Krapfen

Steirerroulade

Steirische Kaninchenkoteletts mit gebratenem Salat

Steirische Liebe

Steirische Poulard

Steirischer Apfelkuchen

Steirischer Käferbohnensalat

Steirisches Apfelhendl

Steirisches Lammbeuschel

Steirisches Schöpsernes

Steirisches Suppenhuhn

Stekt fiflablöð - Gebratener Löwenzahn

Stelze mit Krautsalat

Stephaniebraten

Sternkuchen

Stern-Leckerle

Sterntalertorte

Stielmus-Eintopf

Stockbrot einfach

Stockbrot pikant

Stöckelkraut

Stockfisch mit kleinen Kartoffeln (Baccalà in umido con patate)

Stockfisch mit Knoblauchtomaten

Stockfischgröstl

Stoffade

Straccetti vom Kalbsfilet mit Melanzani und Tomaten

Strammer Max

Strudel (Grundrezept)

Strudelsäckchen mit Shrimpsfülle

Styria-Beef-Filet mit Trüffel-Mayonnaise

Styria-Beef-Haxe in Rotwein mit Sterzwurst

Südtiroler Gemüse-Eintopf

Südtiroler Genießer-Toast

Súkkulaðibitatökur - Schoko-Kekse

Súkkulaðismákökur - Schokoladen-Plätzchen

Sulz vom Lecher-Steinbockschinken und Gänseleber

Superfood-Tabouleh

Suppe (aus Roggenschrot)

Suppe (mit Gerstengrütze)

Suppe mit Kohlrabispaghetti und Räucherforelle, cremige

Suppe mit Quarkeinlauf

Suppe von einem Kaninchenkopf

Suppe von Räucherfisch

Suppe von Salami & Fisch

Suppenwürze selbst gemacht

Surschnitzel

Sushi-Schale mit Garnelen, Krebs und Avocado

Süße Gnocchi "Nicoletta"

Süße Knusperbrötchen

Süsse Polentaschnitten mit Orangenkompott

Süße Pyramiden

Süße Quinoa mit Apfel-Zwetchken-Kompott

Süsse Ravioli mit 2 Füllungen

Süße Zitronensuppe

Süßer Couscous

Süßer Erdäpfelstrudel

Süßer Erdbeer-Schmetterling

Süßer Ingwersirup

Süßer Tofu mit Erdbeeren

Süßes Brötchen

Süß-saure Bärlauchknospen

Süßsaures Gurkengemüse mit Bratwurst

Süßspeise (mit Gerstengrütze)

Sveppa-kótelettur - Lammkotelett mit Pilzen

Szechuan-Stir-Fry mit Rindfleisch, Auberginen und Klebreis

Szegediner Gulyas

Tabbouleh

Tabouleh

Tafelspitz

Tagliatele mit Parma-Pfeffer-Butter

Tagliatelle agli Asparagi

Tagliatelle ai Carciofi

Tagliatelle al Mascarpone e Spinaci

Tagliatelle al Pomodoro e Basilico

Tagliatelle al Tonno

Tagliatelle alla Boscaiola

Tagliatelle alla Panna

Tagliatelle alla Papalina

Tagliatelle alla Papalina

Tagliatelle col Tartufo

Tagliatelle con Cipolle

Tagliatelle con Salsa di Noci

Tagliatelle mit Artischokensoße

Tagliatelle mit Austernpilzen

Tagliatelle mit Flusskrebsen

tagliatelle mit mangold und käse

tagliatelle mit olivenmus

Tagliatelle mit Sauce vom Perlhuhn

tagliatelle mit tomatensauce

Tagliatelle o Spaghetti al Pomodoro

Tagliatelle verdi alla Bolognese

Taglierini mit Chili-Rindfleisch

Taglierini mit getrüffelter Mascarponesauce

Taglierini mit Lachscreme

Taglierini mit Mangold

Taglilini all´Arrabbiata mit Speck

Tagliolini al Limone

Tagliolini al Salmone

Tagliolini con Gamberi e Radicchio

Tagliolini con la Zuccha

Tagliolini e Piselli

Tajine mit Fisch und frischem Gemüse

Tajine mit Fisch und Mandeln

Tandooir-Hähnchenbrust mit Möhrenspaghetti

Tante Käthes Borschtsch

Tarhana Corbasi (Wintersuppe)

Tarhana Grundmischung

Tarte d´Auvergne

Tarte Tatin mit Zimtzwetschgen

Tataki vom Rind mit Sprossensalat

Tatar in Phylloteig mit Knoblauch

Tatar und Carpaccio vom Thunfisch mit Erbsenpüree

Tatar von Roter Bete

Taubensuppe

Tavuk Kanat Sis (Hühnerflügelspieße)

Tavuklu Türlü (Mischgemüse mit Huhn)

T-Bone-Steak richtig gebraten

Teigrollen mit Lachs, Feta und Kräutern

Teigtaschen mit Hackfüllung

Teigtaschen mit Schafskäse

Tellerfleischsuppe

Tellersulz

Teltower Rübchen mit Speck

Temaki mit Brokkolireis

Teriyake-Fisch mit Blumenkohl-Couscous

Teriyaki-Lachs mit chinesischen Nudeln

Terlaner Weinsuppe

Tex-Mex-Röllchen

Tex-Mex-Rollen

Tex-Mex-Tortilla mit Huhn

Thai Fried Noodles mit getrockneten Shrimps, Ei und
Gemüse

Thai-Curry-Suppe mit Hähnchne

Thai-Hähnchen-Salat mit Chinakohl to go

Thailändische Seafood Soup

Thailändischer Meeresfrüchtesalat

Thailändischer Pilzsalat

Thailändischer Zwiebel-Fisch

Thallern Backhendl

Thallerner Cremeschnitten

Thunfisch in Sojabohnensauce, gebratener

Thunfisch mit gefüllten Oliven

Thunfisch mit Käse-Senf-Sauce

Thunfisch mit Orangen und Sardellen

Thunfisch mit scharfem Zwiebel-Reis

Thunfisch mit scharfer Paprikasauce

Thunfischcreme mit Frischkäse

thunfisch-crostini

Thunfischfilet auf Selleriescheiben

Thunfisch-Gemüse-Spieße

Thunfisch-Melonen-Salat

Thunfischsalat mit Sellerie

Thunfischsteaks mit Gewürzkruste und Spargel

Thunfischstücke im Sesammantel

Thunfischstücke in Sojabohnensauce, gebratener

Thunfischtartar mit Rahmgurken

Thunfischtoast

Tilapia mit Orangensalsa

Timballo del Gattopardo

Timballo per la Domenica delle Palme

Timian salt - Thymian Salz

Timianmús - Thymian-Mus

Tintenfischringe mit grüner Paprika

Tintenfisch-Risotto mit Knoblauchbutter

Tiramisu

Tiroler Bauernkrapfen

Tiroler Creme mit frischem Zwetschkenröster

Tiroler Gröstl

Tiroler Kalbs- oder Lammleber

Tiroler Knödel

Tiroler Knödelsalat mit Henkele

Tiroler Makronen

Tiroler Nusskuchen mit Blauschimmelkäse

Tiroler Ofenleber

Tiroler Schlipfkrapfen

Tiroler Speckforelle

Toast mit Gemüse-Ei

Tofu mediterran

Tofuburger

Tofu-Dressing

Tofu-Gemüse-Spieße mit Avocadodip

Tofu-Oliven-Aufstrich, cremiger

Tofu-Ragout

Tofu-Sesam-Creme

Tofuspießchen mit Rucolapesto

Tom Yam Goong

Tomaten fein gefüllt, bunte

Tomaten mit Reisfüllung

Tomaten mit Schafskäse überbacken

Tomaten-Bohnensalat

Tomatenbutter (zu geröstetem Brot, Grillgemüse, Nudeln)

Tomatencreme mit Haferbuchstaben

Tomaten-Hähnchen mit Artischocken

Tomatenkäfer mit Käse-Flocken und feiner Nudel-Gemüse-Füllung

Tomaten-Mozzarella-Brötchen

Tomaten-Mozzarella-Spiesse

Tomaten-Paprika-Brot

Tomaten-Peperonisalat

Tomatensalat Caprese

Tomatensalat mit Kräutern

tomatensalat mit roastbeef

Tomatensalat mit Rotwein

Tomatensalatsauce

Tomatensauce (Saltsa domata)

Tomaten-Schafskäse-Snack mit Kräutern

Tomatensoße

Tomatensugo Grundrezept

Tomatensuppe

Tomaten-Zwiebelsalat

Topfenblattlan

Topfen-Früchte-Dessert

Topfen-Gitter-Kuchen

Topfengolatsche

topfenknödel mit fruchtspiegel

Topfenknödel mit Hollerragout

Topfenknödel mit Zwetschken in Pinot Noir

Topfenknöderl

topfenpalatschinken

Topfentascherl mit Füllung von Schwarzen Nüssen

Topfentommerl

Topinamburcremesuppe

Topinambur-Krabben-Salat

Topinamburpüree

Topinambur-Sprossen-Wok

Torta di Cioccolato al Peperoncino - Schokoladenkuchen mit Chili

Tortellini in Gemüsecreme

Tortelloni mit Ricotta-Spinatfüllung auf Austernpilzsauce

Tortiglioni "Tricolori"

Toskana-Brot

Toskanische Fisch-Gemüse-Casserolle

Toskanische Fischpfanne "Gabriele"

Toskanisches Perlhuhn "Katharina"

Traditionelle Bauernblunz'n

Traditionelle Fischsuppe (Norwegen)

Traisentaler Weinbraten mit Kapern

Trauben mit Sahne

Traubensalat auf Minzjoghurt

Traumhafte Eiscreme

Trenette al Pesto

Trockenobst mit Gewürzsahne

Trüffelfilet mit Wiesenchampignons

Trüffelomelette

Trüschenleber mit Äpfeln

Truthahnfülle mit Lammfleisch

Tumis kol (Gedämpfter Kohl)

Tumus labu (Gedämpfter Meerrettich)

Túnfifillsalat - Löwenzahn-Salat

Tunfisch-Ecken

Tuppingers Kärntner

Tzatziki

Über Weinruten gegrillte Gänseleber

Überbackene Blumenkohlpfannkuchen

Überbackene Hähnchenbrustfilets

Überbackene Jakobsmuschen

Überbackene Käsespätzle

Überbackene Kohlsprossen

Überbackene Meeresfrüchte

Überbackene Pilze mit Majoran

Überbackene Rumpsteaks mit Speckfisolen und Braterdäpfeln

Überbackene Schweinsschulter

Überbackener Fisch (Psari fournou à la spetsiota)

Überbackener Hummer (Astakos fournou)

Überbackener Kohl

Überbackener Schinken mit Spargel

Überbackener Stockfisch mit Reis

Überbackenes Hirn

Überbackenes Kasseler

Überraschung zum zweiten Frühstück

Udang goreng (Gebackene Krabben)

Udang taotjo (Krabben mit Sojabohnenbrei)

Udang wo-tiap (Gebackene Krabben mit Schinken)

Uhudler Terrine mit Beeren

Uhudler-Hauswürste

Uhudler-Lequa

Umurkensupp'm

Ungarische Eierspeise

Ungarischer Reissalat

Ungarisches Schweinspörkölt

Unkrautsalat mit Schwein

Urapan (Gedämpftes Gemüse)

Urfa Kebabi / Fistikli Sis Köfte (Urfa-Fleischspieße / Fleischspieße mit Pistazien)

Ursalzfisch

Vanille-Avocado-Smoothie, grün-weißer

Vanille-Birne mit Preiselbeeren und "2 Mönche"

Vanillecreme mit Pistazien

Vanilleeis

Vanilleeis auf Kernölspur

Vanilleeis mit Erdbeersauce & Sternenplätzchen

Vanillekiperl

Vanillekipferl

Vanillekipferl-Terrine

Vanille-Omelette Max auf Erdbeer-Rhabarber-Röster

Vanillepudding

Vanillepudding (Crema)

Vanillepudding mit Himbeeren

Vanillequark-Waffeln

Vanillerostbraten

Vanilleschnitten (Galatoboureko)

Variante für Süßmäuler - frische Croissants

Variationen von gebackenem Spargel

Vatnsdeigsbollur - Brandteig-Krapfen

Vegetarische Buletten

Venezianischer Risotto

Verhackert

Verheirateter Sterz

Verkehrsampel

Vermicelli Abruzzesi

Vermicelli alla Monteroduni

Vesperkartoffeln mit Gemüse

Vestfirðingur plokkfiskur - Stampf-Fisch nach Art der
Westfjorde

Vietnamese loempia´s

Vinarterta - Isländische Wiener Torte

Visne Kompostosu / Visne Ekmek Tatlisi (Weichselkirschkompott / Weichselkirschen-Brot-Nachtisch)

Vogelbeergelee

Vogelmieresuppe

Vogelnestli

Vollkorn-Bananen-Kuchen

Vollkornbrot mit Möhrenbutter

Vollkornbrot mit Pfirsich und Erdbeeren

Vollkornbrotterrine mit Pumpernickelcreme

Vollkorn-Buchstabennudeln mit Tomatensoße

Vollkornsemmeln

Vollkorn-Taler

Vollwert Tofu Nudelauflauf

Vollwertfrühstück

Vorarlbgerger Bergkäsefondue

Vordere Schweinsstelze im Kohlbett

Vorrats-Ragout

Vulcano-Räucherspeck mit steirischenERdäpfelpuffern

Vulcano-Schinken für Puristen

Wachauer Marillenhuhn

Wachauer Marillenknödel

Wachauer Palatschinken

Wachteln auf Böhmische Art

Wachteln im Blätterteig

Wachteln mit Polenta und Steinpilzen

Wachteln nach Jäger-Art

Wagramer Hühnerkeulen mit Rotem Veltliner

Wälder Bergkäsesalat

Waldhimbeer-Buttermilchkaltschale

Waldkirschmarmelade

Waldorfsalat

Waldviertler Erdäpfel-Grammelsterz

Waldviertler Erdäpfelkraut mit Geselchtem

Waldviertler Grammelkuchen

Waldviertler Karpfen "natur"

Waldviertler Knödel mit Eintauch

Waldviertler Knusperkarpfen

Waldviertler Mohnsterz

Waldviertler Netzbraten

Waldviertler Ochsenschlepp

Waldviertler Saumoasn

Waller im Wurzsud

Waller in Dill-Oberssauce

Waller mit Paprikasauce

Wallerfilets auf Wirsingfleckerln

Wallernockerln mit Spargel

Wallerpörkölt

Wallersee Fischtopf

Wallerwangen

Walnüsse, kandiert

Walnusstaler

Walnuss-Tomaten-Oliven-Cracker

Walser Käseknödel

Walser Käsesuppe

Walser Rösti

Warmbrunner Gebäck

Warme Tapas mit Gemüse und Käse

Warmer Endiviensalat

Warmer Hirsebrei

Warmer Kirschstrudel

Warmer Linsensalat

Warmer Mandel-Fruchtdrink

Warmer Nudelsalat

Warmer Reissalat mit Erbsen

Warmer Schokoladenauflauf mit Mandeln und
Orangensauce

Warmer Speck-Krautsalat

Warmer Tennengauer Ziegenfrischkäse mit
Radieschencreme

Wasserreis

Wasserspatzen

Weihnachtliche Punschtorte

Weihnachts-Sterntorte

Weihnachtszwetschke

Weinauflauf

Weinbergschnecken im Weinkraut

Weinblätterteigapfelstrudel

Wein-Gemüsesuppe

Wein-Sauerkrautsuppe

Weintraubenstrudel

Weinviertler Eisweintascherln

Weißbierkraut

Weißdornfrüchtebrot

Weiße Bohnen in Öl (Fassolia salata)

Weiße-Rüben-Eintopf

Weißes Osterlamm

Weißkohlsalat mit Zucchinibällchen

Weißkrautpizza

Weißkrautsuppe

Weißmohnauflauf mit Kirschensauce

Weiß-Rotkrautsalat

Weißwurst preußischer Art

Welser Sauerkraut

Wespennester

Weststeirischer Wildbacherbraten

Wiener Erdäpfelsalat

Wiener Kalbsnierenbraten

Wiener Paradeissupe

Wiener Saftgulasch

Wiener Schlosserbuam & Wäschermadln

Wiener Schnitzel

Wildeintopf

Wildente in Knoblauch, gedünstet

Wildentenragout mit Rotwein

Wildgemüsespinat

Wildgemüsesuppe

Wildkräutersalat

Wildkräutersuppe

Wildlachsfilets mit Machandelbeeren

Wild-Lasagne

Wildragout

Wildreisrisotto mit Frühlingsgemüse

Wildschweinkeule mit Sauerkraut

Wildschweinkoteletts in Wacholderrahm

Wildschweinragout mit Most-Rotkraut

Wildschweinrücken aus dem Ofen

Wildschweinstelze mit Kümmelsauce

Windbeutel mit Sahne- oder Mokkafüllung

Winter-Käsesuppe

Winter-Muffins

Wintersalat mit gebackenem Kürbis, Linsen und
Ziegenfrischkäse

Wirsingkohlsuppe

Wirsingsuppe

Wirsingwraps mit Rote-Bete- und Möhrenspaghetti

Wok mit Entenbrust und Nudeln

Wolfsbarsch auf ligurischem Brotsalat

Wolfsbarsch mit Fenchel und Tomatenconfit

Wolfsbarsch süß-sauer

Wraps mit Linsen-Gemüse-Füllung, grüne

Würsteleierspeise

Würstl mit Gulaschsaft

Wurstsalat mit Emmentaler

Wurstsalat to go, mediterraner

Wurzelfleisch

Wurzelgemüsesuppe mit Rosenkohl und knuspriger
Petersilie, cremige

Würzige Blätterteigschnecken

Würzige Fajitas

Würzige Putenspieße

Würzige Selleriesuppe

Würzige Zitronensauce - ohne Eier

Yayla Corbasi (Joghurtsuppe)

Yogurtlu Kebap (Kebab mit Joghurt)

Yorkshire Pudding

Zabaione

Zahnbrasse im Pergament

Zander auf Orangen-Carpaccio

Zander auf roten Linsen

Zander im Mohnmantel

Zander im Wirsingblatt mit Brokkolispaghetti, gedämpfter

Zander in der Pfanne gebraten

Zander in Szigeti-Sektsauce

Zander mit Spargel-Möhren-Ragout

Zander mit Speck-Krautsalat

Zanderfilet an Meaux-Senfschaumsauce

Zanderfilet in Dijon-Senfsauce mit parfümiertem Blattspinat

Zanderfilet mit Bohnensalat

Zanderfilet mit Kräuterkruste

Zander-Päckchen mit Orangen-Fenchel

Zander-Pofesen

Zaunerstollen

Zeytinyagli Pirasa (Lauch in Olivenöl)

Zeytinyagli Taze Fasulye (Grüne Bohnen in Olivenöl)f

Zeytinyagli Yaprak / Lahana Dolmasi (Gefüllte Weinblätter / gefüllte Kohlblätter)

Zeytinygali Taze Bakla (Grüne Saubohnen in Olivenöl)

Ziegenfrischkäse auf Sesambiskuit mit karamellisierten Kumquats

Ziegenkäse im gegrillten Zucchiniblatt

Ziegenkäse mit Dörrobst

Ziegenkäsecreme mit Honig

Zieger-Nocken

Zieger-Nudeln

Zillertaler Schissalnudel

Zimtgelee mit Himbeeren

Zimtmuffins

Zimtsterne

Zimtwaffeln (Rezept aus Delphi)

Zirbenbaum-LImonensuppe

Zitoni all´Impiedi

Zitronen mit Frozen-Yoghurt, gefüllte

Zitronenbaiser "Mignon"

Zitronen-Bouillon mit Parmesan

Zitronenbutter (zu Fisch oder Kalbfleisch)

Zitronendorsch mit Kräutersauce

Zitronen-Dressing

Zitronengras-Kokos-Creme-brulee mit Apirkosen-Chili-Chutney

Zitronengrog

Zitronenherzen

Zitronen-Lachs mit Backofen-Spargel

Zitronensupe mit Hühnchen und Bohnen

Zitronensuppe mit Ei (Soupa avgolemono)

Zitronentarte

Zopf vom Rindslungenbraten mit Morchelsauce

Z'sammeng'legte Knödel

Zucchini mit Käse überbacken

Zucchini- und Gelberübenstroh

Zucchini vom Blech mit Hirsekruste

Zucchini-Bananen-Brei mit Maisgrieß

Zucchini-Blumenkohl-Brei mit Hirseflocken

Zucchinichips

Zucchini-Fisch-Brei fürs Baby - Fischfilet mit Zucchini für die Mutter

Zucchini-Kalbsröllchen mit Oliven

Zucchini-Lamm-Türmchen

Zucchini-Linguine mit frischer Avocado-Salsa

Zucchinimuffins

Zucchininudeln mit Bolognese

Zucchininudeln mit Scampi

Zucchininudeln mit Speck

Zucchinipfannkuchen

Zucchinipuffer

Zucchiniquiche

Zucchinischiffe mit Karottensegel

Zucchinisuppe

Zunge (Glossa) auf mazedonische Art

Züricher Geschnetzeltes

Zweierlei Karottensalat

Zweierlei Paprika, scharf und süß, in der Langsemmel

Zwetschenstrudel

Zwetschkenknödel mit Powidl-Sauce

Zwetschkenkrapfen mit Hausbrot und Zimtrahm

Zwetschkenmarmelade

Zwetschken-Streusel-Fleck

Zwetschkensuppe

Zwieback-Brei mit Birnenmus

Zwieback-Brei mit Pfirsich

Zwiebel Saftschnitzel mit Gurkengarnitur

Zwiebel-Eier

Zwiebelknödel

Zwiebelkompott

Zwiebeln gebacken

Zwiebeln mit Käse-Reisfüllung

Zwiebelreis, indonesisch

Zwiebelrostbraten

Zwiebelrostbraten mit Knuspererdäpfeln

Zwiebelsalat mit Oliven

Zwiebelsauce

Zwiebelsuppe "Chipolline"

Zwiebelsuppe aus Saloniki

Zwiebelsuppe mit Käsetoast

Zwiebelsuppe überbacken